Dedico este libro a: .... con mucho cariño.

Espero todo lo escrito en estas páginas sean de bendición y te ayude a crecer en todas las áreas de tu vida. Le pido a Dios que cada capítulo despierte el don que hay en ti. ¡Que lo disfrutes!

Ronny Oliveira

¡Lo que el cielo determina, la tierra no lo elimina!
por Ronny Oliveira

Publicado por Renacer

 El texto en negrita en las citas bíblicas representa el énfasis del autor.

Visite la página web www.ronnyoliveira.com

Editado por: Gisela Sawin / www.giselasawin.com
Diseño de interior y portada: Lucho Trejo / Instagram: luchotrejoart
ISBN: 978-987-88-1271-7
Impreso en Colombia

«A lo largo de mis 38 años sirviendo a Dios y viéndolo hacer milagros y señales, puedo asegurar que el buen predicador no es quien mejor habla, sino quien mejor oye a Dios, Ronny es un hombre que, sin lugar a duda, lo oye». ***—Cash Luna, Pastor Principal de la Iglesia Casa de Dios en Guatemala***

«Ronny Oliveira es un desbloqueador de ambientes. No importa cómo estén las cosas cuando él llega, todo cambia cuando él se va. El poder divino que reposa sobre su vida es diferente, intenso y demuestra FUTURO para mucha gente. Oliveira viajó por decenas y decenas de países, disfrutó de experiencias sobrenaturales, participó de reuniones con príncipes de esta tierra. Y ahora, decidió poner todo en un papel y facilitar tu caminar aquí en la tierra. Este libro es un GPS, el destino final es uno solo: la eternidad». ***—Tiago Brunet, presidente del Instituto Destiny en San Paulo, Brasil, y fundador de Casa de Destino.***

AGRADECIMIENTOS

• A Dios, por su voz, su amor y su paternidad.
• A mi bella esposa e hijos que tanto amo. Gracias por estar siempre y por soportar y creer en mis locuras en cada viaje y aventuras alrededor del mundo. ¡Los amo!
• A mi amada y querida iglesia Nueva Alianza, quienes siempre me inspiran a estar más cerca de Dios y buscarlo con intensidad. Ustedes siempre me desafían a ser mejor.
• A mi madre por ser una guerrera valiente.
• A mis pastores que siempre me respaldaron y aquellos amigos que siempre me incentivaron a escribir este libro y a dejar una marca en esa generación. A veces pedimos milagros y el Señor nos envía amigos.

¡Muchas gracias!

CONTENIDO

PRÓLOGO

Es una honra para mí escribir sobre este libro y su autor. Conocí a Ronny hace 20 años, cuando se convirtió al Señor y comenzó a congregarse en la misma iglesia a la que yo asistía. Nos hicimos amigos y en cierta forma lo discipulé enseñándole sobre la vida cristiana. Fui testigo del momento en que Dios lo llenó con Su Espíritu Santo de una manera inesperada, así también cuando recibió el don de profetizar. Lo vi entregar la primera profecía sin entender mucho lo que estaba sucediendo. Estuve presente en su bautismo en aguas y en su primera prédica en el púlpito de una iglesia.

Siempre me llamó la atención su amor hacia Dios y, la incansable búsqueda por Su Presencia. Su pasión siempre fue buscar los tesoros escondidos en la Palabra.

Un año después de su conversión, me propuso que orásemos para saber si era la voluntad de Dios que seamos novios. Luego de un año de oración, manteniendo la distancia, cuando cumplió 19 años, nos comprometimos, y luego nos casamos. Desde el primer momento sabíamos cuál era nuestra misión. Entonces, con tan solo dos meses de casados dejamos nuestra casa y nuestra nación para responder al llamado de ser misioneros en el norte de Argentina. Allí empezamos a depender completamente de Dios. Lo admirable de Ronny siempre fue su fe y la convicción de su llamado.

Su ministerio profético se fue desarrollando cada día, cuanto más creía en lo que Dios hablaba, más se acercaba a Él, y adquiría plena seguridad al profetizar.

Los años pasaron, y desde el 2005, pastoreamos una iglesia en Argentina, luego visitamos muchas naciones, predicó para miles y para pequeños grupos. Puedo dar testimonio que el secreto de Ronny está en ser totalmente dependiente de Dios. Desarrollar el don de fe y saber que estamos para ser usados, pero jamás para usar a Dios. La mayor profecía es la Biblia, y ella no hace acepción de persona, es para todo aquel que cree.

Recuerdo una experiencia que tuvimos cuando perdimos a nuestro segundo hijo. Fue un momento muy duro, pero cuando recibimos la noticia, lo primero que Ronny dijo fue: «Dios nos lo dio y Él sabe también por qué nos lo quitó. Bendito sea el nombre del Señor». Aunque Dios podría haber avisado previamente, no lo hizo, porque Él es soberano y nosotros aceptamos Su voluntad, que es perfecta y agradable. Podría relatar diversas experiencias, pero sé que, a través de este libro, sentirás la veracidad de cada palabra. He sido parte de todas las experiencias aquí relatadas. Vi a Dios usar a Ronny para exhortar, para dar dirección y para corregir. Muchas veces lo vi decir frases que algunos creerían que son locura para la mentalidad humana, pero también fui testigo de que cada persona que siguió las instrucciones de parte de Dios, recibió el cumplimiento de ellas. Tuve el privilegio de ir a lugares guiados por las directivas de parte de Dios para entregar una palabra. Al pasar de los días, al regresar al mismo lugar, podíamos escuchar los testimonios de esas palabras cumplidas.

Con mis propios ojos vi cuántas personas le ofrecieron dinero para que les dé una palabra profética. Pero también supe de su integridad al decir: «Yo no puedo decir nada que Dios no me diga que hablé». A mucha gente le cuesta creer en el propósito de los dones, porque no tienen fe.

Finalizo este prólogo anhelando que al leer este libro tus ojos sean abiertos, y que tu fe sea edificada para que glorifiques a Dios por todas Sus maravillas. Toda honra y gloria siempre es para Él.

Glaucia Barreto de Oliveira
Esposa, compañera de ministerio, intercesora y admiradora

INTRODUCCIÓN

SERÁS ACTIVADO

Cada día recibo cientos de preguntas que me llegan de diferentes partes del mundo acerca del ministerio profético: *¿Qué es ser un profeta? ¿Recibí una palabra y no se cumplió? ¿Cómo escuchar la voz de Dios? ¿Cómo identificar a un falso profeta? ¿Cómo activar lo que Dios me dio?*

A lo largo de tantos años de ministerio tuve la oportunidad y el privilegio de asistir y ministrar en varios congresos y conferencias proféticas alrededor del mundo, y reunirme con los más reconocidos y renombrados profetas del mundo, a quienes escuché atentamente y aprendí acerca de este maravilloso don.

Luego de una gran búsqueda e investigación, decidí compartir contigo en un lenguaje simple pero profundo todas estas respuestas a aquellas preguntas que seguramente, al igual que yo, te has hecho, y de esta manera no solo podrás *entender*, sino también *enseñar* a otros.

Es por esa razón, decidí plasmar en este libro todas las respuestas y enseñanzas por las que transité desde mi conversión. Entre ellas, te enseñaré cómo escuchar la voz de Dios y cómo aquella palabra poderosa que Dios dice, sale de la boca de un profeta. Aprenderás a discernir cuándo es la voz de Dios, la del diablo, o tu propia voz la que habla. Descubrirás diez formas para identificar un falso profeta. Aprenderás cómo fluir en el don profético. Sentirás y vivirás experiencias únicas a través de testimonios que he vivido.

Estas páginas presentan verdades aprendidas en mis viajes, entrevistas, conversaciones sobre la mesa y tras bambalinas, y aquellas vivencias personales que transformaron mi ministerio. Deseo que al finalizar la lectura te encuentres sumergido en una profunda búsqueda de intimidad con el Espíritu Santo, quien activará tus dones y talentos de forma sobrenatural y provocar a tu espíritu a una búsqueda intensa de la Presencia de Dios. ¡Prepárate para fluir! ¡Prepárate para ser activado y cambiar la forma en que veías lo profético! Bienvenido a tu tiempo de activación.

Ronny Oliveira

CAPÍTULO 1

¡NO SOY UNA VÍCTIMA, SOY UN SOBREVIVIENTE!

Si tengo que definir en una palabra mi niñez, esta sería: ¡Sobrevivir! Ya sea trabajando o escapándome de la realidad, la sobrevivencia me definía. Nací el 22 de febrero de 1985, en la ciudad de Victoria, capital del Estado de Espíritu Santo, ubicado en la región Sudeste de Brasil. Mi madre, una jovencita de tan solo 15 años, quedó embarazada y tuvo que buscar trabajo para sostener la casa mientras mi abuela me cuidaba. Éramos una familia muy pobre y de muy bajos recursos.

Diversas imágenes vienen a mi mente en las que, al mirar a mi alrededor, me encontraba solo. Eran momentos en los que me sentía *abandonado*, que nadie se preocupaba por mí, ni aun en el colegio percibía que a alguien le importará. Sentía que me trajeron al mundo, pero que nadie se quiso hacer cargo de mi vida. Traté de pensar que eran problemas de gente grande, pero no puedo negar que desde muy pequeño he derramado muchas lágrimas, por la tan conocida soledad. Recuerdo días en los que me levantaba temprano y no encontraba nada para comer. Es por eso que desde ese tiempo mi única preocupación era sobrevivir día tras día. ¡Esta era la realidad!

Jamás tuve una presencia paterna o una imagen varonil a mi alrededor, por lo tanto, desconocía el término «paternidad». Durante los festejos del Día del Padre, todos los niños del colegio preparaban sus hermosos regalos para entregárselos luego a sus padres y celebrar juntos ese día, pero ¿a quién le daría el mío? ¿Cómo demostrar afecto o cariño a la persona que me abandonó mientras estaba en el vientre de mi madre? Estas preguntas cruzaban mi mente al salir de la escuela, y así, de camino, rompía el dibujo dedicado a un padre que no tenía, y lo tiraba. Secaba mis lágrimas y continuaba caminando.

Mencionar la palabra «paternidad» nunca ha sido fácil para mí, siempre la sentí fría y sin sentido, ya que un «padre» representaba la imagen de abandono, de tristeza y de irresponsabilidad. La primera vez que mencioné la palabra padre fue en una iglesia en Brasil. Durante un tiempo de oración repetí la oración del *Padrenuestro* y al pronunciar la palabra «Padre» direccionada hacia Dios, me di cuenta de que era la primera vez que lo hacía. A medida que iba conociendo a Dios y que me acercaba a Él, me di cuenta de que allí estaba, que no solo era un Dios sentado en un *Trono*, un ser *Todopoderoso*, sino que además era simplemente el «Papá» que siempre busqué.

Como buen Padre, Dios me enseñó el valor de «ser hijo», me enseñó lo que es cuidar, proteger y todo lo que en verdad un *padre* hace. Una de las cosas que aprendí de este Padre fue, que a pesar de haber nacido en un hogar pobre y sin muchas expectativas, me hizo fuerte y pude descubrir talentos que jamás me había dado cuenta que tenía. No tener quién me protegiera ni cuidara, me hizo protegerme y cuidarme solo. Esto me hizo valiente, con la actitud dispuesta de estar siempre listo ante cualquier desafío. A lo largo de los años comprendí que mi Padre siempre estuvo allí presente. Finalmente, pude ver quién secaba mis lágrimas mientras rompía el dibujo de regreso de la escuela. ¡Él siempre estuvo allí!

NO SOLO ERA UN DIOS SENTADO EN UN TRONO, UN SER TODOPODEROSO, SINO QUE ADEMÁS ERA SIMPLEMENTE EL «PAPÁ» QUE SIEMPRE BUSQUÉ.

Fue Él, mi Padre, quien me enseñó que no soy una víctima sino un sobreviviente. Fue Él quien me quitó la soga del cuello cuando a los 8 años tuve mi primer intento de suicidio. Fue Él quien me arrancó el cuchillo a los 10 años cuando intenté por segunda vez quitarme la vida. Él siempre estuvo allí. A los 12 años, mientras intentaba arrojarme bajo un vehículo, fueron Sus manos las que me detuvieron. Aunque en ese momento, cegado por el dolor, no podía verlo, hoy con los ojos de la fe descubro que siempre estuvo allí conmigo.

Quizás, así como yo, tuviste que sobrevivir desde que naciste. Ya sea con o sin padre, pero la Palabra de Dios dice que, *«aunque mi padre y mi madre me dejaran, con todo, Jehová me recogerá»* (Salmo 27:10). Si logras mirar entre líneas tu vida, percibirás que Él siempre estuvo allí, cerca de ti. Tal vez los ojos del dolor no te permitieron verlo en el momento, pero hoy, comprendes que eres un sobreviviente, no eres una víctima.

Venciste el hambre, la miseria, los abandonos, los malos tratos, los abusos, y todo lo que quiso robar tu verdadera esencia. Una vez más queda confirmado que *¡Lo que el cielo determina, la tierra no lo elimina!*

Pero antes de comenzar a introducirnos en el tema del ministerio profético, necesitas entender que tu mayor y más grande título es: ¡Ser hijo de Dios! Al finalizar una ministración profética, mucha gente me mira con sorpresa y me dice: «¡Esto es sobrenatural! Dios te habla y tú lo escuchas».

En ese momento, y con el mismo gesto de sorpresa les respondo en forma de pregunta: «Pero... ¿qué es lo sobrenatural? Simplemente Dios es mi Padre, yo soy Su hijo y no existe algo sobrenatural en que un padre hable con su hijo». Muchos aprendieron a ver a Dios como un Ser supremo sentado en un trono, emitiendo luces a su alrededor. Pero, desde que lo conocí, supe que Él es un buen Padre y no hará nada sin antes hablar con sus hijos. *«Porque no hará nada Jehová el Señor, sin que revele su secreto a sus siervos los profetas»* (Amós 3:7). Como profeta puedo mirar a Dios de esta manera, comunicándonos. ¡Desafíate, y de ahora en adelante aprende a mirar a Dios como un Padre que habla con sus hijos!

Sellado con fuego

De una forma inusual, a los 16 años me entregué a Dios. No estaba en un templo ni tampoco era un espacio religioso. No había sillas ni púlpitos, solamente se escuchaba el ruido del mar y la arena bajo mis pies. Ahí, en medio de la playa, estaba Jesús.

ERES UN SOBREVIVIENTE, NO ERES UNA VÍCTIMA.

Un amigo me había invitado a ver un evento frente al mar, junto a más de veinte mil personas esperaba ansioso saber quién sería la estrella de la noche. Las luces se encendieron y alguien con micrófono en mano, gritando eufóricamente, dijo: «¿Y a Su nombre?». Y esos cientos de personas respondieron a una sola voz: «¡Gloria!». Entonces, ahora me estaba preguntando quién era Gloria, porque nunca había escuchado de ella. Pero cuando gritó una segunda pregunta ante la multitud: «¿Quién vive?». Todos a una sola voz contestaron: «¡Cristo!». Miré a mi amigo y le dije: «¿Qué es esto? ¿Dónde estamos? ¿A dónde me has traído?». Con una sonrisa sarcástica y riéndose me dijo: «Esta es una campaña evangélica, te estoy haciendo una broma». Era tanta la cantidad de gente que no podía moverme, mucho menos salir de aquel lugar. Tuve que quedarme obligadamente desde el comienzo hasta el final de aquella reunión.

Me sentía una persona perdida en el mundo, como un ciego en medio de un tiroteo. Y aunque me preguntaba a mí mismo: «¿Qué hago aquí?», me llamó la atención una mujer muy bajita, con una voz muy potente que tomó el micrófono y sus primeras palabras fueron: «Aunque tu padre o tu madre te hayan abandonado, con todo Jehová te recogerá». En ese momento sentí que todos se habían ido, que estábamos ella y yo, solos. Le dije a mi amigo: «Cuántos chismosos hay en el mundo que, entre veinte mil personas, alguien ya le comentó a esta mujer mi historia». Él, que ya conocía algo acerca de la iglesia, me dijo: «Ronny, Dios te está hablando». Puse más atención a lo que ella estaba diciendo. Y mientras cantaban y hablaban, las palabras que salían de sus labios solo apuntaban a una dirección: lo más profundo de mi corazón. Al percibir que estaba por llorar, intenté esconder mis lágrimas, puesto que yo era Ronny, el joven malo del barrio, que siempre andaba armado y hacía cosas indebidas, ¡no podía llorar en público!, mucho menos teniendo dos armas cargadas en mi cintura.

De pronto comenzaron a cantar una canción que decía: «No pienses que la vida se terminó. Acuérdate que tú eres un vencedor. No fuiste ungido para perder, con Cristo es vencer o vencer». «Vencer ¿qué es eso?», me preguntaba a mí mismo. «Tengo 16 años y nunca supe lo que es vencer.»

«AUNQUE TU PADRE O TU MADRE TE HAYAN ABANDONADO, CON TODO JEHOVÁ TE RECOGERÁ».

En aquel momento, aunque no lo estaba viendo con mis ojos naturales, más tarde pude entender que espiritualmente había una gran guerra entre ángeles y demonios peleando por mi vida. Intentaba levantar las manos, pero no podía, pesaban toneladas. Intentaba caminar hacia el frente, pero había demasiada gente. Sin embargo, esta gran mujer de Dios conocida tanto dentro como fuera de Brasil, parecía leer mis pensamientos y conocer todas mis excusas. En mi interior pensaba: «Hay mucha gente. No hay forma de llegar adelante para acceder al llamado que ella está haciendo de entregarme a Cristo». Inmediatamente que ese pensamiento cruzaba mi mente, ella respondía: «No mires la gente y avanza. Por favor, hagan un pasillo, un espacio, para dejar que este joven se acerque». Entonces de pronto se abrió un camino frente a mí. En ese instante comprendí que los ángeles vencieron a los demonios. Una vez más el cielo había vencido al infierno, y allí estaba yo, caminando hacia el frente con mis manos levantadas, entregándome a Cristo.

Quizás tienes entre tus manos este libro y no sabes explicar el por qué estás leyéndolo o cómo llegó a tus manos. Déjame decirte que el día de tomar la decisión más importante de tu vida, es cuando recibes a Jesús en tu corazón. Y si estás leyendo y ya eres cristiano, seguramente recordarás con muchas lágrimas, aquel hermoso momento cuando permitiste que Cristo entrara en tu vida.

Cuando creí que había recibido lo máximo, no podía contener tanta alegría, pero todavía, ¡Dios tenía más para mí! Aquella tremenda mujer de Dios, mirándome a los ojos, me dijo: «El Señor tiene cosas muy grandes para tu vida. Las naciones te esperan. Hablarás a presidentes y gobernantes. Y cuando te vuelva a ver, no te voy a reconocer, porque serás conocido como un profeta a las naciones».

Y regresé a mi casa con una paz que nunca antes había sentido. Aquella noche fui a esa playa para ver una estrella brillar, y por cierto la vi, fue una estrella resplandeciente de la mañana que aún, sigue brillando en mi vida hasta el día de hoy: Cristo.

La iglesia indicada

El paso siguiente fue encontrar una iglesia donde poder seguir escuchando aquella palabra que me había llenado de tanta paz. Regresé a una iglesia cerca de mi casa, donde un día juré que nunca volvería a entrar. Pensaba que era un lugar para locos y no para gente preparada como yo. ¡Gritaban mucho! Hablaban en idiomas que yo no entendía. Sin embargo, cada vez que pasaba o pisaba la vereda de la puerta, se me erizaba la piel. Me invadía una gran alegría y ganas de llorar al mismo tiempo. Era un sinfín de sensaciones que no podía explicar, *porque el milagro no se explica, se vive.*

Entrar en aquella iglesia y permanecer, era un verdadero milagro. Recuerdo a los hombres sentados a la izquierda, las mujeres a la derecha y un grupo de jóvenes separado del resto. Unas mujeres que parecían soldados, estaban ubicadas en otra parte de la iglesia. Les confieso que, con solo mirarlas, me daban miedo. El pastor, que estaba parado en el púlpito, declaraba y profetizaba palabras de vida. No sé cómo explicarte, esa extraña sensación, pero parecía sentirme en casa. Había encontrado mi lugar, entonces dije: «Esta será mi iglesia».

Camino a saludar al pastor y darle la noticia de que sería parte de aquella congregación, alguien me detuvo a mitad del camino para decirme: «¿Por qué vienes a la iglesia con pantalón corto? Debes quitarte esas cadenas que cuelgan alrededor de tu cuello. ¡Todo eso es del diablo y tienes que ser libre!». Intenté explicarle que no eran del diablo, que eran mías, que las había comprado, que... ¡él no había pagado por ellas! Pero... para hacer corta la historia, me dijo: «Necesitas ropa de creyente, ropa de Dios, y esta es de mundano, del diablo».

Realmente no entendí qué me estaba diciendo, pero estaba dispuesto aprender. Entonces pedí un papel y un lápiz y pregunté: «Por favor, dígame ¿dónde venden ropa de creyentes, ropa de Dios? ¿En qué tienda puedo comprarla?». Y para mi sorpresa, me respondió que no existía tal lugar. Había gente rara en la iglesia Me dijo que comprara algo en un lugar que no existía. Salí confundido de allí y fui a la casa de un amigo que antes iba a la iglesia, y le dije: «Me dicen que tengo ropa de mundano, tú ¿qué talle tienes? Seguramente tienes ropa de creyente que yo podría usar». Mi primer intercambio fue un pantalón mundano por un pantalón cristiano azul.

Las reuniones en la iglesia eran de lunes a domingos, y cada día estaba allí, con mi pantalón azul. Muchos bromeaban diciéndome: «Ronny, cuando cuelgas el pantalón en tu casa, seguro camina solo hasta la iglesia, porque ya conoce el camino». Pero nada me importaba, con un solo pantalón, una sola camisa y un par de zapatos, iba a la iglesia feliz. Porque quien en verdad se convirtió sabe que ¡para servir a Dios, no hay excusas! Entendía que finalmente mi desnudez había sido cubierta por Aquel que me había amado y aceptado.

Con el correr de los días estaba decidido a bautizarme, pero no me lo permitieron porque creían que no estaba listo, ya que hacía tan solo dos meses que me había convertido. Aunque a esas alturas ya había aprendido muchas cosas importantes, entre ellas, a obedecer.

Cuanto más peso soportas, más fuerte te haces

Las personas relevantes en la tierra siempre tuvieron algo en común, soportaron mucho peso, angustias, traiciones, tristezas, y a causa de esas dificultades se volvieron más fuertes. Es un poco peligroso decir que «soportar y resistir» te harán más fuerte. Pero, no me tire la piedra todavía, guárdela para el final de mi relato.

Cuando era joven tomaba dos autobuses para ir a mi trabajo, y cada día, de regreso de la panadería donde trabajaba, veía en la parada a un joven que aparentaba mi edad, con sus brazos y torso musculoso porque entrenaba en un gimnasio cercano al lugar.

Todos los días pasaba por la puerta del gimnasio observaba cómo levantaba sus pesas hasta que me animé a inscribirme porque también anhelaba tener esos músculos, pero estaba muy flaco y fuera de forma. Hasta que decidí ir al mismo gimnasio y repetir sus mismos ejercicios. Quería parecerme a él.

El primer día me paré frente a aquel joven y repetí lo mismo que él hacía. Cuando levanté la pesa, casi me caí hacia atrás, era muy pesada. Entonces le pregunté:

—¿No hay algo más liviano?
—¡Claro que sí!, me respondió.
—Pero... ¿Por qué agarras el más pesado?, le pregunté.
—Porque cuánto más peso soportas, más fuerte te haces.

Su respuesta recién la entendería años después, estando ya en el ministerio. Aquella frase se convirtió en «rhema» para mi vida y ministerio. Cada vez que enfrento situaciones pesadas y difíciles, puedo escuchar a Dios decirme: «Cuánto más peso soportas más fuerte te haces».

Seguramente, al igual que yo, le habrás preguntado a Dios: «¿Por qué tengo que soportar tanto peso? ¿No puedes darme algo más liviano para cargar?».
Sin embargo, si observas a través de los ojos de la fe, a causa del peso que has cargado tus brazos y tus piernas ya no son las mismas, ahora eres más fuerte,

más firme, más maduro, más inteligente. Como resultado del peso que has soportado, ¡tu oración fue respondida! Cada vez que le has pedido a Dios que te hiciera más fuerte, el Señor te enviaba más peso. Ahora solo te queda guiar esa fuerza en la dirección correcta.

¿Qué harás con la fuerza que recibiste y toda la experiencia que adquiriste? Yo ya estoy utilizando la mía para escribir este libro.

Palabra declarada para tu vida

«Declaro esta palabra sobre tu vida: Ningún peso que soportaste hasta aquí, ha sido en vano. El Señor ha fortalecido tus piernas. El Señor ha fortalecido tus emociones. El Señor ha fortalecido tu vida. Y a causa de ello, hoy puedes ser columna y sostén para muchos que también se sienten debilitados. Declaro sobre tu vida que: Todo peso soportado traerá una respuesta a tu vida. La gracia, el favor y la bendición de Dios reposan sobre ti, en Cristo Jesús. Amén.»

CAPÍTULO 2

PELIGROS Y BENDICIONES DE SER UN PROFETA

Una marca para toda la vida

Durante una de las reuniones de domingo, sucedió algo que provocaría un antes y un después en mi vida. ¡Ese día fui marcado con fuego para siempre! Estaba sentado en las bancas y mientras los jóvenes cantaban, el pastor decía: «Dios quiere hacer algo especial esta noche, algo está por suceder. Cierra tus ojos para que en verdad puedas ver». Te confieso que no entendía qué quería decir el pastor, y para mis adentros decía: «Si es para ver, mejor abro los ojos y no lo veo». Años después pude entender que: «El pecador con los ojos abiertos, mira los cielos desde afuera. ¡Pero el creyente con los ojos cerrados, mira el cielo con los ojos desde adentro!».

Finalmente, al cerrar mis ojos tuve mi primera visión. Vi a alguien vestido de blanco que bajaba desde el cielo con una antorcha en las manos y que volaba hacia mí con una velocidad incalculable. Cuando estaba muy cerca, dio vuelta a la antorcha y la clavó en mi cabeza. En ese momento comencé a hablar en un idioma que no conocía. No sabía qué me estaba pasando. Incluso, hasta ahora, con lágrimas en los ojos, recuerdo caminar por la iglesia y a cada persona a las que les imponía mis manos, también hablaban en nuevas lenguas. Algo pasó aquel día, en aquella iglesia. Todos lloraban, pero no estaban tristes. Hablaban otras lenguas sin nunca haber estudiado.

Cuando me di cuenta estaba parado frente al pastor, arrodillado, llorando y le decía unas palabras que no entendía: «Lo que hoy está sucediendo es la respuesta a su oración de ayer a las 3:45 de la madrugada, mientras estaba arrodillado alrededor de una cama, pidiendo y clamando por un avivamiento». Esa fue mi primera profecía al pastor de la iglesia, al hombre que más respetaba, le estaba revelando detalles que yo no sabía.

La reunión fue tan sobrenatural que nadie podía regresar a sus casas. Horas después, aquel hermano que me había detenido en el pasillo de la iglesia meses antes indagándome por mis pantalones mundanos y cadenas del diablo, me estaba diciendo: «¡Estás listo para bautizarte!». ¡Qué gran contradicción! Mientras el hombre de la tierra me negaba el bautismo, el Dios del cielo decidió bautizarme primero. ¡Así fui sellado con fuego! Porque el milagro no se explica, se vive.

¡Ser profeta es un peligro!

Una pequeña iglesia del norte de Argentina, me extendió una invitación a predicar. Al llegar al lugar me llamó la atención un joven parado en la puerta de la iglesia. Era la primera vez que lo veía y desconocía si era cristiano, pero cuando puse los ojos sobre él, recibí una palabra muy fuerte en mi espíritu. Al mirarme, comenzó a retroceder y mientras huía, las palabras que salían de mí eran: «Así te dice el Señor, tu nombre verdadero no es el que tienes, ese es falso. Tu nombre verdadero es... Estás escapando de la policía desde Buenos Aires. Pero Yo, el Señor, vi cuando tu papá te tiró a los 8 años de un carro por las calles frías de Buenos Aires. Yo soy el Señor que te conoce, te he dado dones y talentos, y hoy te cambio por completo». Sin decir palabra ni esbozar expresión alguna, solo con una mirada fría y amenazadora, agachó su cabeza y se fue de la iglesia.

¡PERO EL CREYENTE CON LOS OJOS CERRADOS, MIRA EL CIELO CON LOS OJOS DESDE ADENTRO!

La reunión continuó y cuando todo terminó, comencé a escuchar un gran alboroto en la puerta. Era el mismo joven a quien le había profetizado, pero portaba un revólver en sus manos y apuntaba a la cabeza de un integrante de la iglesia. Con mucha furia repetía las mismas palabras: «Yo te voy a matar por chismoso. Tú le contaste a ese brasileño acerca de mí». El pobre hombre temblaba de miedo, trataba de defenderse, y mientras peleaba por su vida, decía:

—Yo no le dije nada, es la primera vez que lo veo.
—Entonces, ¿cómo sabe de mi nombre falso?, ¿cómo sabe que soy prófugo de la policía? ¿Y que mi padre

me tiró a los 8 años de su carro? Y, ¿qué es eso que dice que tengo dones y talentos?
A lo que el hermano le contestó:
—Yo no sé, ¿pregúntale a él?
Mientras caminaba hacia donde yo estaba, con su revólver en las manos, mientras algunos corrían y escapaban de miedo, me dijo:

—¿Cómo sabe usted todo eso?

Delante de mí, tenía a un hombre con un arma en mano queriendo que le explique lo inexplicable. Realmente ser un profeta es peligroso. Cómo explicarle a alguien que nunca había entrado a una iglesia, que hay un Dios en el cielo que tiene ojos y ve, tiene boca y habla, y en aquel día quiso hablar con él.

En pocas palabras, Dios siguió dándome más detalles acerca de la misteriosa vida de ese joven a quien nadie conocía y que estaba allí por primera vez. Los dos terminamos llorando, mientras el joven, con sus manos levantadas, aceptó a Cristo.

Hoy es el salmista de esa misma iglesia, compone canciones y toca la guitara. Cada vez que nos encontramos me dice lo mismo: «Pensar que el primer día que te conocí iba a matar a un hermano, porque me vio en la calle y aunque no me conocía me invitó a su iglesia».

Sabemos que nuestro enemigo es el ladrón que vino para hurtar, matar y destruir, pero Jesús vino para que tengamos vida en abundancia (Juan 10:10). Juan el Bautista nos dejó el claro ejemplo de que «si no quieres tener tu cabeza en una bandeja de plata, no anheles ser profeta». Él no había pedido ser profeta, fue Dios quien lo llamó desde el vientre de su madre, porque profeta no se hace, se nace. Veo que muchas personas anhelan el ministerio profético, pero si no estás dispuesto a perder tu cabeza, no le pidas a Dios ese ministerio.

JUAN EL BAUTISTA NOS DEJÓ EL CLARO EJEMPLO DE QUE «SI NO QUIERES TENER TU CABEZA EN UNA BANDEJA DE PLATA, NO ANHELES SER PROFETA».

Tu bendición vendrá de a dos

Tal vez, la experiencia que acabo de compartirte te haya asustado, o a lo mejor ya no te sientes tan inspirado en ser profeta. Pero, así como una moneda tiene dos lados, también ser profeta tiene un lado bueno.

Durante uno de mis viajes a la bella ciudad de Cartagena, Colombia, fui invitado a predicar en la iglesia de unos pastores amigos. En medio de una reunión

muy fuerte, llena del poder de Dios, recibí una palabra y señalando hacia adelante le profeticé a una mujer quien entre lágrimas y mucha fe recibía atenta la palabra. «Así te dice el Señor: "Estás cansada de luchar y constantemente le preguntas a Dios. ¿Seré tan mala que no me entregas hijos?"». A medida que iba profetizando sentí que la mujer había perdido varios embarazos, pero me llené de gozo cuando el Señor le dijo: «Tu bendición no vendrá de a uno, tu bendición vendrá de a dos».
Tiempo después me enteré que al llegar a su casa, aquella mujer recibió con tanta fe la palabra declarada que escribió cada frase en un papel y pegó las fotos de dos niños, y luego la puso en su habitación matrimonial. De sus propios labios escuché que todas las noches antes de dormir, volvía a oír la profecía a través de un video, y luego se dormía.

Con el pasar del tiempo y ya muy cansado, el esposo le preguntó: «¿Hasta cuándo escucharemos esto todas las noches?». Y ella respondió: «¡Hasta que quede embarazada!». El marido me dijo que soñaba conmigo de tanto escuchar mi voz todas las noches.

Al pasar de los días, como puedes imaginar, la mujer comenzó a sentirse mal, amanecía con náuseas y mareos, y todos estos síntomas eran parte de la profecía cumpliéndose. Con los meses ya avanzados fueron junto a su esposo a hacerse una ecografía, y el doctor le dio la buena noticia: «¡Estás embarazada, vas a tener un bebé!». A lo que ella saltó y dijo: «¡Un momento, un momento, el profeta me dijo que eran dos! Revise bien, porque me dijo que eran dos». Después de una búsqueda minuciosa, la mujer estaba en lo cierto, había otra bebé dentro de su vientre, cumpliéndose de esta manera la palabra declarada. Un año después pude tener con mucha alegría aquellas bellas niñas en mis brazos.

¡NO TENGAS MIEDO! SER PROFETA ES UN REGALO DE DIOS. SOLO ABRE TU BOCA Y CREE QUE EN DIOS HAREMOS PROEZAS.

Ser profeta no es solo andar entre peligros o amenazas, también es una bendición. Te ánimo a que seas usado por Dios, a tal punto que una estéril pueda dar a luz, que un ciego pueda ver, que un sordo pueda oír. ¡No tengas miedo! Ser profeta es un regalo de Dios. Solo abre tu boca y cree que en Dios haremos proezas. *«Y él le dijo: El año que viene, por este tiempo, abrazarás un hijo. Y ella dijo: No, señor mío, varón de Dios, no hagas burla de tu sierva. Mas la mujer concibió, y dio a luz un hijo el año siguiente, en el tiempo que Eliseo le había dicho»* (2 Reyes 4:16-17).

Palabra declarada para tu vida

«Declaro esta palabra sobre tu vida: Hoy, todo temor a la frustración, a la vergüenza, a que tu don no sea utilizado de la forma correcta, desaparece. Declaro fe, osadía, valentía, intrepidez, para hablar con denuedo y autoridad.
Serás utilizado por Dios de tal forma que, aquellos que tenían su vida estancada espiritual, familiar y financieramente, serán destrabados a causa de lo que Dios pondrá en tus labios.

Declaro que todas las bendiciones que estaban retenidas sobre ti, se sueltan, porque tu bendición no vendrá de a una, tu bendición vendrá de a dos. Seas bendecido en el nombre de Jesús. Amén.»

CAPÍTULO 3

¡GENERACIÓN DE ESTOS TIEMPOS!

Siempre he sido muy curioso en cuanto a los tiempos y estaciones, creo que por el hecho de tener un don profético puedo percibir a través de la Biblia cosas que a lo mejor a otros le pasarían desapercibido.

«De los hijos de Isacar, doscientos principales, ***entendidos en los tiempos****, y que sabían lo que Israel debía hacer, cuyo dicho seguían todos sus hermanos»* (1 Crónicas 12:32).

Generación de los Matías

Durante un tiempo de oración, Jesús fue guiado por el Espíritu a seleccionar a doce discípulos, que más adelante serían los apóstoles.

«...Primero, Simón (también llamado Pedro), luego Andrés (el hermano de Pedro), Santiago (hijo de Zebedeo), Juan (el hermano de Santiago), Felipe, Bartolomé, Tomás, Mateo (el cobrador de impuestos), Santiago (hijo de Alfeo), Tadeo, Simón (el zelote), Judas Iscariote (quien después lo traicionó)» (Mateo 10:2-4 NTV).

Diariamente estos doce comían y caminaban con Jesús. A donde Él iba, ellos estaban. Gozaban de privilegios que muchos en aquella época anhelaban. Por ejemplo, en una reunión con la casa llena, siempre había lugar para los doce. En oraciones íntimas de Jesús, siempre había lugar para los doce. Era notorio su cercanía a Jesús. Me imagino qué lindo habrá sido ser uno de los doce del Maestro transitando las calles de Jerusalén mientras se escuchaba murmullos diciendo: «¡Ahí va Pedro! ¡Ahí va Juan! ¡Ese es Judas!».

Todos los conocían. Sus rostros se habían convertido en figuras ilustres. ¿Quién habría de imaginar que, uno de aquellos doce, que había compartido la mesa con Jesús, su tiempo de oración, momentos de intimidad con el Padre y hasta le entregaría el manejo de la tesorería, lo iba a traicionar? Aquel en quien Jesús había confiado tanto, lo habría de entregar a manos de soldados fríos y malos como los de la época. Al igual que a Jesús, seguramente habrás tenido experiencias de traición. Probablemente algún Judas se cruzó en tu camino. ¡Pero no te preocupes, los judas se ahorcan solos!

Lejos de allí había un hombre que servía y amaba a Dios, y nadie lo conocía. Era anónimo en la tierra, pero conocido por el Espíritu Santo, su nombre era Matías. Cuando Judas se ahorcó, quedó un espacio sin líder, como puedes leer en la Biblia: *«Entonces echaron suertes, y Matías fue elegido para ser apóstol con los otros once»* (Hechos 1:26 NTV).

Todos reconocían a los apóstoles, pero cuando vieron a Matías habrán pensado: «¿Quién es este? Nunca lo hemos visto». Esa seguramente habría sido también mi pregunta. Entonces Matías seguramente respondería: «Soy uno de los que no deberían estar, pero están. Los que no deberían ser, pero serán. Soy Matías y estuve guardado por el Espíritu, esperando mi momento». Porque siempre que muere un Judas, nace un Matías.

¡NO TE PREOCUPES, LOS JUDAS SE AHORCAN SOLOS!

En tantos años de ministerio profético pude percibir que estamos *viviendo la generación de los Matías*, personas que no deberían estar, pero van a estar. Gente que no debería ser, pero serán. Hasta me atrevo a decir que yo mismo soy un Matías.

Constantemente participo de Congresos y Conferencias multitudinarios a nivel mundial, donde comparto la plataforma junto a predicadores y salmistas reconocidos a nivel internacional. Cada vez que veo mi foto y mi nombre en el afiche, me pregunto: «¿Qué hago ahí?». Y la respuesta siempre es la misma: «Eres un Matías, no deberías de estar, pero estás».

Ahora mismo, allí donde te encuentras, te profetizo mientras estás leyendo este libro, que eres un Matías. Desconocido por muchos, pero conocido por Dios.

Te profetizo que, así como Matías fue apartado por el Espíritu, tú también serás seleccionado por Dios, para ocupar lugares que otros no supieron aprovechar ni valorar. Debes saber que, aunque seamos anónimos en la tierra, somos famosos en el cielo.

Generación rama fructífera

En los días de José era muy importante la bendición de un padre a sus hijos en sus últimos momentos de vida. Esas declaraciones finales eran como profecías que quedarían selladas en la tabla del corazón. En el capítulo de Génesis 49 vemos cómo Jacob bendice a sus doce hijos antes de morir profetizando sobre cada uno de ellos. Cuando llega el turno de José, su profecía fue: «Rama fructífera es José...» (Génesis 49:22).

Por mucho tiempo intenté darle sentido a esa palabra, ya que José fue traicionado, tirado en un pozo, vendido como esclavo, estuvo en la casa de Potifar, lo llevaron a la cárcel, para finalmente llegar al Palacio. Seguramente José dio frutos en el palacio, pero cuando su padre le dijo: *«Eres rama fructífera»*, da la sensación que durante toda su vida José dio frutos. Pero cuando meditaba en ese texto tuve la revelación y la convicción de que José siempre fue rama fructífera. Cuando lo traicionaron, dio fruto. Cuando lo vendieron, dio fruto. En el desierto, dio fruto. En la casa de Potifar y en la cárcel, dio fruto. Y lógicamente en el palacio, dio fruto.

Esta es la generación *«Rama fructífera»* donde no importa lo que te hagan o dónde te tiren, siempre darás fruto. Si te encuentras en un barrio de bajos recursos, darás fruto. Si estás en una zona metropolitana, darás fruto. Si eres jefe, líder, pastor o presidente, darás fruto. Si eres alguien que no está en una posición importante, también darás fruto. No se trata del lugar o del espacio físico, se trata de ti, de tu persona. ¡Tú eres rama fructífera por lo que portas, por lo que tienes y porque el cielo lo determinó! Y lo más importante, por todos los frutos que diste y aprendiste a lo largo del camino. Donde pises o donde vayas, cambiarás el ambiente y la atmósfera. Cuando José entró a la cárcel, hasta los presos comenzaron a soñar. *Impartirás lo que tienes*.

¡TÚ ERES RAMA FRUCTÍFERA POR LO QUE PORTAS, POR LO QUE TIENES Y PORQUE EL CIELO LO DETERMINÓ!

Como profeta recibo toda clase de preguntas: «Si Dios está conmigo, ¿por qué siempre me toca la parte más difícil? La familia más difícil, el vecindario más difícil, el esposo/a más difícil y el país más difícil». Y mi respuesta es contundente: «¡Lo fácil lo hace cualquiera, lo difícil sólo lo hacen los ungidos!».

Si te encuentras en una situación difícil, recuerda que portas la unción para eso. Permite que el fruto que hay en ti, nazca, porque eres rama fructífera. Seguramente ya estuviste en algún lugar donde percibiste que estaba muerto, apagado y sin vida. Y te hiciste la célebre pregunta: «¿Qué hago yo aquí?». Y la respuesta es: «¡Estás ahí para cambiar el ambiente, la atmósfera y el lugar! Debes llevar vida donde hay muerte, alegría donde hay tristeza, frutos donde hay esterilidad. Por lo tanto, jamás te muevas de un lugar así, sin antes haberlo transformado con la unción que portas. Debes saber que la semilla es más poderosa que el terreno.

Generación de sanados y despertados

«Y vino uno de los principales de la sinagoga, llamado Jairo; y luego que le vio, se postró a sus pies, y le rogaba mucho, diciendo: Mi hija está agonizando; ven y pon las manos sobre ella para que sea salva, y vivirá. Fue, pues, con él; y le seguía una gran multitud, y le apretaban. Pero una mujer que desde hacía doce años padecía de flujo de sangre, y había sufrido mucho de muchos médicos, y gastado todo lo que tenía, y nada había aprovechado, antes le iba peor, cuando oyó hablar de Jesús, vino por detrás entre la multitud, y tocó su manto» (Marcos 5:22-27 RVR 1960).

Cuando Jesús estaba de camino a la casa de Jairo para ver a su hija que se estaba muriendo, una mujer que padecía una enfermedad de flujo de sangre, interrumpió Sus pasos y logró tocar el borde de su manto. En ese mismo instante recibió públicamente su milagro. Luego, Jesús llegó a la casa de Jairo y en privado sanó a la niña.

Puedo percibir que esa misma historia se vive en la actualidad. Hay dos generaciones que están activas al mismo tiempo. Primero fue la mujer sanada en público, y luego la niña fue resucitada en privado. Entiendo que en estos tiempos el Espíritu Santo está sanando personas, que estaban muertos en vida, porque fueron heridos, humillados y maltratados en público, ¡pero también serán sanados en público! Me refiero a aquellos que, por cantar, predicar o profetizar, fueron humillados, burlados, y lastimados en público. Este es el tiempo en el que Dios te sanará en público y cambiará toda tu vergüenza en doble honra.

Pero hay una generación que se está muriendo en casa, sin que nadie se dé cuenta, sin que nadie perciba su ausencia. Cada día siente que se le está yendo la vida. ¡Esa generación será resucitada, cobrará vida, se levantará, saldrá del encierro, porque Jesús entrará por sus puertas y los levantará!

Así como una persona fue sanada y otra fue despertada de su muerte. Profetizo sobre ti que, si estabas enfermo por algo que te hayan hecho, serás sanado, y si estabas apagado, muriendo encerrado, serás despertado.

Ser entendidos en los tiempos me anima a creer que, ¡ninguna de esas generaciones se perderá! Ni la generación pasada, ni la generación presente. Siento en mi espíritu que habrá fusión de estas dos generaciones, formando una tercera, que será caracterizada o marcada con dos fuertes señales: Sanidad y vida. Veremos una nueva generación, llena de vida y sana. Hablo de tus hijos y de los hijos de tus hijos. Porque lo que para ti es un techo, para tus hijos será solo el primer piso. Donde tú te detuviste, ellos comenzarán.

Palabra declarada para tu vida

«Hoy declaro esta palabra sobre ti: Eres rama fructífera. Declaro que darás fruto en cada área de tu vida. Todas las áreas infructíferas recibirán frutos a partir de hoy. En Cristo Jesús, tú darás muchos frutos, y aquellos que están a tu alrededor disfrutarán de los frutos que Dios ha depositado en ti, y también disfrutarán de su sombra.

Declaro esta palabra sobre tu vida: Eres despertado en un mover sobrenatural. Lo que estaba dormido en ti se despierta: la valentía, la osadía.

Declaro que eres sanado y sanada de toda tristeza o angustia que te hayan provocado en público. Eres sanado y sanada de tu vergüenza, de tu dolor. Hoy, la mano sanadora de Jesús toca tu vida, y a partir de ahora serás fructífero y vivirás una vida sana y libertada en el nombre de Jesús. Amén.»

CAPÍTULO 4

CÓMO FLUIR EN LO PROFÉTICO

A través de una enseñanza del pastor T.D. Jakes aprendí algo que sin lugar a duda cambió mi forma de leer la Palabra de Dios o de bosquejar un mensaje. Cuando le pregunté cómo hacía para preparar sus sermones tan inspiradores, su respuesta fue contundente: «Debes ser "multifocal". Por ejemplo, si vas a predicar de la mujer que fue sanada del flujo de sangre, debes decidir qué lado de la historia contarás. Si será de la mujer enferma, si será desde la mirada de uno de los discípulos que está observando el milagro, desde uno de los espectadores de entre la multitud o si será desde la mirada del mismo Jesús». Ese día entendí que para leer la Biblia debo mirarla con una «visión multifocal».

Si quieres conocer uno de mis secretos al preparar mi mensaje, consiste en que jamás leo la Biblia solo para predicar, siempre la leo para aprender, porque me alimento de ella para alimentar a otros. No puedo decir qué especias o condimentos aderezan una comida, si primero no la pruebo.

Para fluir en lo profético sucede exactamente lo mismo. ¡Antes de que dar un mensaje necesitas vivir y sentirlo primero en ti mismo! No puedes entregar a la gente algo que no funciona en ti primero. Para poder hablar sobre algo en primer lugar tienes que tener la autoridad para hacerlo, y esta se obtiene cuando has logrado sobrevivir a eso que debes liderar después.

Por ejemplo, Jesús tiene autoridad sobre la muerte porque la venció. Es común ver a personas que lograron salir de las adicciones, predicando elocuentemente acerca de ese tema. De allí mi consejo: «Jamás caigas en la trampa de leer la Biblia solo para predicar». Debes leerla para alimentarte, y una vez que te hayas alimentado, podrás alimentar a otros.

Cada vez que finaliza una conferencia o alguna ministración, las personas se me acercan y me dicen: «Mientras predicabas vi a Jesús parado a la par tuya, en la plataforma». Lo que ellos no saben es que este Jesús que ellos vieron, yo ya lo venía viendo desde la habitación del hotel y desde el asiento del avión. Ese mismo Jesús que vieron en la plataforma camina conmigo en los aeropuertos.

Frutos accesibles

El mismo mensaje que le hablo a una multitud, es el que le comparto a un grupo pequeño de personas. Con la misma elocuencia y vigor que predico en un estadio, también lo hago ante una humilde congregación. Nunca guardes lo mejor de ti cuando se trata de las cosas de Dios. Asegúrate de entregarlo todo siempre. *Es mejor gastarse, que oxidarse*. Lo que no se usa, se pierde. Le hablo con la misma elocuencia a personas distintas en lugares diferentes, ya sea un presidente como a una persona común.

La razón del porqué lo hago es la siguiente:

En oportunidades recibí algunos consejos apostólicos en los que me decían que jamás acepte invitaciones de iglesias pequeñas, porque ya estaba en otro nivel, y no puedes quemar tu tiempo con lo pequeño. Pero cuando escucho estos consejos recuerdo una experiencia que marcó mi vida.

JAMÁS LEO LA BIBLIA SOLO PARA PREDICAR, SIEMPRE LA LEO PARA APRENDER.

Cuando tenía aproximadamente unos seis años y vivía en un barrio muy pobre en Brasil. En el fondo de mi casa había un inmenso árbol de aguacate. Como no teníamos nada para comer, lo único que se me ocurrió fue ir a ver si en aquel árbol había algún fruto maduro para tomar de la planta, y para mi sorpresa estaba llena de aguacates. La realidad demostraba una verdad: La planta estaba llena de fruto y yo tenía hambre. Pero había un problema, la planta era alta e inaccesible, y no podía tomar ningún fruto de ella. Intenté sacudirla con una vara, pero era muy pesada y no la podía soportar. Lo único que restaba era sentarme bajo este árbol a esperar que cayera algún fruto maduro.

Años después, estaba en un gran estadio hablándole a miles de personas, cuando bajaba de la plataforma encontré a un niño que dijo: «Algún día me gustaría llevarte a mi iglesia, porque Dios está ahí». Automáticamente el Señor me habló y me dijo en voz audible: «¡Ronny, jamás serás como aquel árbol de tu niñez! ¡Tendrás muchos frutos, pero siempre estarás a la altura de cualquiera que quiera alimentarse de lo que Yo te di!».

La belleza de un árbol no está en cuántos frutos da, sino en lo accesible que es para entregar su fruto. Permite que la gente que te rodea pueda alimentarse de lo que Dios puso en tu vida. Cuando un árbol que tiene frutos es demasiado inalcanzable, la única forma de tomar de ellos es tirándole piedras y darle palos. Cuando eres inalcanzable, la gente siempre te va a apedrear. Cuando te creas intocable te va a tirar con palos. Pero si tu árbol es pequeño y lleno de frutos, te aseguro que más de uno se acercará y hasta se tomará fotos contigo. Casi todos los que pasaron cerca de un árbol lleno de frutos al alcance de la mano, habrán dicho la misma expresión: «¡Wow! ¡Qué lindo! Mira qué bonito este árbol, está lleno de frutos, y son tan accesibles que hasta lo puedo tocar».

Jesús era como uno de esos árboles lleno de frutos accesibles, ya que siempre permitía que lo tocaran, tal y como pasó con la mujer del flujo de sangre. La mujer sirofenicia no tenía derecho ni siquiera de estar ahí, por lo que Jesús le dijo: *«Deja primero que se sacien los hijos, porque no está bien tomar el pan de los hijos y echarlo a los perrillos»* (Marcos 15:27). Pero el hambre de la mujer era tan fuerte que saltó lo que aparentaba ser una ofensa y le dijo: *«Sí, Señor; pero aun los perrillos, debajo de la mesa, comen de las migajas de los hijos»* (Marcos 15:27). Al decir esto Jesús le estaba dando de Su fruto.

NUNCA GUARDES LO MEJOR DE TI CUANDO SE TRATA DE LAS COSAS DE DIOS. ASEGÚRATE DE ENTREGARLO TODO SIEMPRE.

Hay personas que tienen el pan entero, pero nunca recibieron nada especial. Sin embargo, hay quienes tienen migajas y reciben tremendos milagros. Anhelo ser ese árbol accesible que alimente a todo aquel que se acerque con hambre a recibir de las cosas de Dios.

Si quieres parecerte a Cristo, debes tener dos marcas que se distinguen en tu vida: Mansedumbre y humildad. Cuanto más cerca estás de Jesús, más manso y humilde serás. Cuanto más lejos estés de Él, más soberbio, orgulloso e inalcanzable serás. Alguna vez en tu vida podrás brillar como una estrella en la tierra, pero jamás podrás brillar más que el sol de justicia.

Una noche regresé a casa después de una de las mejores reuniones de mi vida. Estaba muy emocionado y le repetía a mi esposa: «¿Viste cómo Dios me usó? ¡Qué tremenda noche! Será parte de la historia». Entonces ella me miró fijamente, podía ver a Dios en ella, mientras me hizo las siguientes dos preguntas: «¿Puedes mostrarme dónde están las marcas de los clavos en tus manos? Mírate en el espejo ¿dónde está la marca de la corona de espinas? ¡Tú no moriste por nadie! ¡La gloria jamás será tuya! La gloria siempre será de Dios». Cada vez que te sientas tentado en sentir un poquito de orgullo por tu éxito pasajero, deseo que recuerdes las preguntas y el consejo que mi esposa me dio. Ve al espejo, mira tu frente y tus manos, si no hay marcas de clavos o espinas, recuerda que ¡la gloria jamás será tuya!

Las marcas de un hombre de Dios

Como leíste en los capítulos anteriores, vengo de una familia simple, jamás supe nada acerca de modas o marcas famosas. No recuerdo cómo, pero me invitaron a predicar en una conferencia en los Estados Unidos. Allí todas eran personas muy elegantes, bien vestidas y muy alineadas. Al verme, me sentí como «un sapo de otro pozo». Tenía que hacer tres presentaciones. La primera fue una explosión de gloria. Dios estuvo allí respaldando toda palabra que fue soltada. Al terminar mi participación, se me acercó un apóstol y me dijo: «¡Muy bueno lo tuyo! Pero recibí la mitad, la otra mitad, no». Pensé que tal vez, como mi español lo pronuncio mezclado con el portugués, tal vez no me entendió, pero para mi sorpresa, no fue eso. Al continuar hablando me dejó muy en claro que el problema no era la barrera idiomática: «¡Tu forma de vestir me impide recibir lo que Dios te dio! ¡Tú no traes las marcas de un hombre de Dios!». Recordé lo que Pablo dijo y traté de pensar: «¿Cuáles serían estas marcas?». Entonces comenzó a explicarme: «Las marcas de un hombre de Dios, las marcas del reino». Te aseguro que me estaba hablando en un idioma totalmente desconocido. Entonces continuó diciendo: «Te explico. Las marcas de un hombre de Dios son: Salvatore Ferragamo, Rolex, Gucci, etc. ¡Y tú no portas estás marcas!».

Ese día, al llegar al hotel, fui a hablar con Dios. Me sentí un poco humillado, necesitaba comprender por qué Dios me había puesto en un ambiente como ese, entonces le dije en mi oración: «Papá, ¿por qué no me cuidaste? Mira lo que ese hombre dijo acerca de las marcas». Y mientras oraba y lloraba, sonó el teléfono de la habitación. Alguien estaba buscándome en el vestíbulo del hotel. Al verlo, a simple vista parecía muy sencillo, entonces se presentó y me explicó la razón por la que estaba ahí: «El Señor me dijo que te lleve a un lugar». En verdad sentí desconfianza, pero sabía que esto venía de parte de Dios. Entramos en un automóvil que solamente había visto en las películas. En el transcurso de la conversación me di cuenta de que era uno de los hombres más millonarios de la zona. Llegamos a un lugar que, a simple vista, todo era muy caro. Entonces les dijo a los vendedores: «Prepárenle veinte trajes, quince camisas, varios pares de zapatos, y todo lo que él elija. Yo lo pago». Con algo de vergüenza acepté su regalo. Al regresar al hotel me dio una clase de protocolo y etiqueta. Entonces me enseñó que el saco que tiene tres botones, solo se deben abotonar dos. Cuando debas secarte el sudor de tu rostro, no se debe refregar la cara con el pañuelo, solo se debe dar pequeños toques suaves en la frente. No te arrodilles con los zapatos puestos, pues se arruinan las puntas. Cuando estés por hablar, enseña tu reloj primero. Cuando estés por agarrar el micrófono, jamás lo hagas sin antes desabotonarte el traje.

En mi segunda noche de ministración, ingresé al templo caminando como un robot, casi no podía moverme. Seguí todas sus instrucciones paso a paso. En el primer minuto abrí los botones tal cual me había enseñado, mostré el reloj y comencé a hablar suave y tranquilo. Quería causar una buena impresión. Pero, para mi sorpresa, el Señor se metió en el asunto y recuerdo su voz preguntándome:

—¿Qué estás haciendo?

—Causándoles una buena impresión, —respondí.

—¿O cambias la manera de predicar o te bajo de la plataforma?, —me exhortó el Señor—. Sé tú mismo. Yo no me avergüenzo de ti, y te traje aquí para enseñarles cuáles son mis verdaderas marcas.

LAS MARCAS Y ETIQUETAS DE UN HOMBRE DE DIOS SON EL SELLO DEL ESPÍRITU SANTO QUE TRAEMOS EN NUESTRA ALMA.

Cuando ya había pasado media hora de estar predicando, mi corbata estaba desarreglada, mi camisa se había salido fuera del pantalón. Ya no me acordaba de mi nombre, mucho menos de lo que llevaba puesto. Esa noche, Dios derramó una gloria tremenda sobre aquel lugar. Cuando levanté mi mirada, toda la congregación estaba arrodillada dañando las puntas de sus zapatos. Y aquel apóstol que me había hablado de las marcas de moda, estaba tirado en el suelo, lleno del poder de Dios. Cuando terminé de predicar, tomó con ambas manos mi cara y me dijo: «Yo quiero lo que tú tienes». Mirándolo de pies a cabeza, le contesté: «¡Tú no tienes las marcas! Las marcas de un hombre de Dios son la humildad, la santidad, el dominio propio, el temor de Dios y la mansedumbre. Estas son las marcas de un hombre de Dios. Estas son las marcas del Reino».

Hoy en día, aquel hombre que me enseñó acerca de las marcas y del protocolo, es un muy buen amigo. Él me enseñó sobre sus marcas, y yo le enseñé sobre las mías. Debes de aprender a caminar con quién un día te lastimó, y debes saber que Dios nos utiliza para que aprendamos los unos de los otros. No le cierres la puerta a nadie. Permite que Dios te enseñe a través de alguien, y que te utilice para enseñarle a otros. Entonces aprovecho a preguntarte: «¿Tú tienes las marcas? ¿Cuáles son las marcas que portas? ¿Te llena más lo que llevas por fuera o lo que llevas por dentro?». Las marcas y etiquetas de un hombre de Dios son el sello del Espíritu Santo que traemos en nuestra alma.

Palabra declarada para tu vida

«Declaro esta palabra sobre tu vida: Serás conocido por las marcas de Cristo. Todo aquel que te mire, percibirá el sello del Espíritu Santo en ti. Más que un reloj, un zapato, una prenda fina, llevarás el brillo del Espíritu Santo. Esta será tu mejor vestimenta. Aquellos que te miren percibirán que la presencia de Dios está sobre tu vida. El ayuno, la oración, la lectura de la Palabra, y todo lo que haces para Dios será mucho más visto que lo que llevas en tu cuerpo. Eres sellado, marcado por la presencia poderosa del Espíritu Santo. Jamás te olvides que tu marca no es la que se puede ver con los ojos, sino la que se puede sentir a través del espíritu. Amén.»

CAPÍTULO 5

LA UNCIÓN ES MÁS FUERTE QUE EL VENENO

Después de haber estado preso y sobrevivido a un naufragio, el apóstol Pablo y el resto de los náufragos, llegaron a la isla de Malta. Al llegar, los nativos los recibieron de buena manera, pero como hacía frío y la gente estaba asustada, armaron una fogata. En un intento de ayudar, Pablo recogió algunas ramas secas para agregar al fuego, y entre ellas había una serpiente que, ante el calor, se prendió de la mano de Pablo. ¡El diablo solo ataca al que tiene fuego! Pablo agregó fuego a la fogata, por eso la serpiente lo mordió. Quienes estaban a su alrededor, de inmediato pensaron que era un castigo de Dios, pero nadie podía explicar cómo un hombre que sobrevivió a una prisión, a un naufragio, también podía sobrevivir al veneno mortal de una serpiente. En las manos se concentra un gran número de venas y arterias por donde circula mucha sangre. Algo sobrenatural pasó, porque el veneno entró por las manos, pero nunca lo afectó. La unción que portaba era más fuerte que el veneno.

Tal vez no te llames Pablo, pero al igual que él, salgas constantemente de un problema y te metas en otro. Te libras de una enfermedad, y entras en otra. Para ese tiempo Pablo debía haber estado muerto. Pasó por una cárcel, sobrevivió a un naufragio y luego una serpiente intentó matarlo. ¡Cuantos más ataques del enemigo recibes, más relevante eres! Cuando el infierno te ataca, te envía dos mensajes: El primero, es que te odia, y el segundo, es que te tiene miedo.

Los sucesos vividos por Pablo eran un claro ejemplo del miedo que el infierno le tenía. Era una forma desesperada de paralizarlo para detenerlo. Luego de la picadura de la serpiente esperaron un rato, pensando que caería muerto, pero se quedaron sin entender cómo seguía de pie.

Los que te quieren ver derrotado, todavía no percibieron que, al igual que Pablo, portas una unción de supervivencia. Las aguas no te ahogarán y el fuego no te quemará, simplemente porque Dios está contigo. Siempre que la unción de fuego esté en ti, habrá serpientes que intentarán morderte para frenar tu talento y llamado, pero el Señor te dice: «No entierres tu talento, no dejes de predicar ni de profetizar. No entierres tu unción ni permitas que los asesinos de profetas o de dones, te neutralicen».

En estos tiempos hay muchas Jezabel que siguen intentando matar a los Elías. Aun hoy todavía la cabeza de un ungido tiene precio. Pero no desistas, el que te llamó es más fuerte que el veneno de tus enemigos. La serpiente que mordió la mano de Pablo, terminó quemada en el fuego de la fogata.

Horas después de lo sucedido, la Biblia relata que Pablo entró a una casa e impuso las manos sobre un hombre que estaba enfermo, y fue sano. Esa misma mano que el diablo atacó, fue la mano que Dios usó. El diablo te va a atacar a través de lo que Dios te usa.

CUANDO EL INFIERNO TE ATACA, TE ENVÍA DOS MENSAJES: EL PRIMERO, ES QUE TE ODIA, Y EL SEGUNDO, ES QUE TE TIENE MIEDO.

Ningún arma forjada

Un domingo prediqué un mensaje poderoso en la iglesia donde pastoreo: «Ninguna arma forjada contra ti, prosperará». Al finalizar, la gente se fue muy bendecida. Pero esa misma noche tuve un sueño profético en el que había una familia discutiendo y peleando. En medio de la discusión, entro a la casa, detengo la pelea, y automáticamente delante de mí aparecen seis cajones de muertos, y una voz me dijo: «Destapa los cajones comenzando por el más pequeño». Cuando abro la tapa, era un niño que se despertó y me dijo: «¡Pastor, quédese tranquilo, todo va a estar bien!». Cuando desperté supe que era un sueño profético, y entendí que un espíritu de muerte se había desatado.

Convoqué a mis intercesores y algunos pastores amigos para orar por esto que había visto en el sueño. Una semana después, un hombre se presentó en mi oficina pidiendo hablar conmigo. Con inocencia e imprudencia, lo recibí, aunque no lo conocía. Lo invité a sentarse y mientras me miraba, me dijo: «Prometo que seré breve. Hace dos años, mi esposa y mis tres hijos asisten a su iglesia. Antes, me consultaban todo a mí. Ahora, le consultan todo a Dios. Antes, me buscaban a mí. Ahora, buscan a Dios. Antes, yo era el centro. Ahora, Dios es el centro». Con mucho entusiasmo lo interrumpí diciendo: «¡Gloria a Dios! ¡Qué bueno!». Entonces me dijo: «¡No! ¡Nada bueno! Por su culpa mi esposa e hijos prefieren más a su Dios que a mí. El domingo pasado estuve en la puerta escuchándolo, le tomé una foto con mi celular, la imprimí y ya encendí dos velas para despedirlo, porque fabriqué esto para usted». De pronto sacó un arma de la cintura, y dijo: «¡Yo mismo preparé esta arma para matarlo, y hoy comienzo por usted! ¡Luego sigue mi esposa y mis hijos!». Estábamos los dos en mi oficina, encerrados y con un arma preparada para matarme. Noté que la mirada del hombre estaba turbada.

De pronto rompió en llanto diciendo: «Hace dos días que sueño con lo mismo. Veo seis cajones de muertos, pero en mi sueño, mi hijito menor se levanta del cajón y te dice: "¡Pastor, quédate tranquilo todo va a estar bien!». El hombre había soñado lo mismo que yo. En ese momento, tomé autoridad y le dije: «El domingo prediqué que ninguna arma forjada contra mí, prosperará. ¡Por lo tanto, ni tú, ni tu arma, ni el diablo que te trajo, me va a quitar la vida!». Extendí mis manos y le ordené que me entregará el arma.

Cuando me la dio, le dije: «¡Esta arma quedará como testimonio de que mi Dios es más fuerte!». Desde ese momento, este hombre viene todos los domingos a servir con alegría en nuestra iglesia central. Ganamos el alma de aquel hombre y hoy tiene un hermoso testimonio para compartir. La unción siempre será más fuerte que el veneno. No le tengas miedo al enemigo ni a sus amenazas. ¡El diablo siempre pierde! ¡Dios siempre gana!

¡EL DIABLO SIEMPRE PIERDE!
¡DIOS SIEMPRE GANA!

Cumple con tu ministerio, habla lo que Dios te diga y camina siempre con autoridad. *No pongas atención a lo que el diablo dice, ¡porque cuando un perro ladra, un león no se voltea para ver!*

¿Capacitados, pero no llamados o llamados y no capacitados?

Está de moda abrir las redes sociales y encontrar personas profetizando y ministrando. Al ver esto, nace en mí una cierta preocupación, porque muchos se están alimentando de una comida, sin saber si está contaminada. Necesitamos urgentemente entender que, sin los frutos del Espíritu, los dones son meros adornos. Me faltaría tiempo para mencionar la cantidad de ministros que se creen pastores y profetas simplemente porque predican en las redes sociales. No es lo mismo que Dios te levante, a que tú mismo te levantes. No es lo mismo que Dios te unja, a que tú mismo te unjas.

Muchas personas me preguntan: «¿Quién te levantó como profeta? ¿Quién te ungió como pastor?». Mi respuesta es: «Él mismo que presentó a mis hijos al Señor, él mismo que me envió al campo misionero, es el mismo que me ungió como pastor. ¡Exactamente, yo tengo un pastor!». Mi pastor me conoce y conoce a mi familia, incluso sabe los nombres de cada uno de mis hijos. Una verdadera cobertura no solo conoce tu nombre, sino el de tu madre y hasta de tu abuelita. Me preocupa la cantidad de personas que dice tener una cobertura y ni siquiera conocen sus nombres. Cuando Pablo le hablaba a Timoteo, mencionaba el nombre de toda su familia. Muchas personas se llenan la boca para decir: «¡A mí, me ungió Jehová, no el hombre!». Pero siempre que Dios habla demuestra ser un Dios de orden, por eso ha establecido autoridades a las cuales debemos estar sujetos.

He escuchado una frase que dice: «Dios no llama a capacitados, pero capacita a los que llama». El problema es que hay muchos a quienes Dios no llamó, pero están capacitados. Y hay muchos a quienes Dios llamó, pero que no se capacitan. Es muy simple explicar eso. Cuando un pastor tiene un llamado para liderar a diez mil personas, y le entregas mil, él se ocupará de ganar a las que faltan. Pero a una persona que no fue llamada, le entregas diez mil personas, y terminará solo. Dios es quien sostiene el llamado.

NECESITAMOS URGENTEMENTE ENTENDER QUE, SIN LOS FRUTOS DEL ESPÍRITU, LOS DONES SON MEROS ADORNOS.

Es muy importante que aquellos que fueron llamados al ministerio, se capaciten, se formen y busquen instrucción para luego ejercer su ministerio. Pero a aquellos que se están preparando, pero no fueron llamados, les aconsejo que se detengan y descubran realmente si fueron llamados por Dios. Me he cruzado con personas que se llenan la boca al decir: «¡Dios me llamó a eso, me siento preparado y ya estoy listo!». Me imagino que seguramente se sienten mejor que Jeremías, que Moisés, que Pedro, pero cuando fueron llamados, dijeron que no estaban listos.

Hay una frase en la Biblia que siempre me ha marcado un norte: «Ningún profeta es acepto en su propia tierra» (Lucas 4:24). Muchas personas me escriben diciéndome que en sus iglesias no le dan el lugar, no los reconocen, los frenan, los bloquean, entonces me preguntan: «¿Qué debo hacer: me quedo o me voy? ¡Si me quedo me muero y si me voy, soy rebelde!». Mi consejo es que hables con tu líder y que le expreses el sentir de tu corazón. Sé sincero en todo. Mientras tanto ora, y cuando Dios te responda, si las cosas no cambian, toma tu decisión. ¡Escapa por tu vida!

Tengo presente en mi memoria cuando fui muy entusiasmado a hablar con mi pastor porque quería ser misionero, sentía que Dios me había llamado y me había preparado para eso. En aquel entonces solo tenía un año de creyente, era muy nuevo en la fe y estaba de novio con la que hoy es mi esposa. La respuesta de mi pastor fue muy contundente: «¡Tú no tienes el llamado! Esto no es para ti. Lo que tú quieres es casarte con esa joven. ¡Ella, sí tiene el llamado y el ministerio, pero tú no!». Me sentí como Ana, cuando su pastor pensó que estaba borracha (1 Samuel 1:13).

Permanecí en aquella iglesia porque allí me había bautizado y allí quería crecer. Pero, cuando vi que allí no había espacio o que mi pastor no me creía, tuve que escapar por mi propia vida. Le pedí su bendición, y me fui a estudiar a una Escuela de misiología. Confieso que pasaron varios años, y nunca más volví a ver a aquel pastor hasta el día de mi graduación en Brasil, donde la costumbre es que varios pastores aleatoriamente entreguen el título reconociendo al estudiante. Para mi sorpresa, quien tuvo que entregarme el diploma fue aquel que había dicho: «¡Tú no tienes el llamado!». Él tuvo que pasar al frente y con palabras textuales dijo: «Te felicito por haber logrado lo que anhelas, ¡pero más que eso te felicito por no haberte quedado con lo que yo te dije! ¡Lucha por tu llamado y no permitas que nadie te detenga!».

DIOS ES QUIEN SOSTIENE EL LLAMADO.

Han pasado varios años desde ese día, y aunque confirmamos que mi esposa tiene el llamado, también yo he confirmado que lo tengo. Miles de personas se han entregado a Cristo a través de nuestras vidas. Hoy puedo afirmar que Dios capacita a los que llama, pero también llama a los incapaces. Que tu mayor preocupación no sea ser reconocido como un profeta, no trates de impresionar, pelea por tu don y ministerio sin pisar o humillar a nadie. Simplemente lucha por ser una fuente de agua limpia que le da de beber a muchos que tienen sed.

Palabra declarada para tu vida

«Declaro esta palabra sobre tu vida: Ningún arma forjada contra ti prosperará.
Declaro que nada de lo que traman en contra tuyo funcionará.
Declaro que estás guardado, rodeado, cercado por el Señor a tal punto que tus enemigos no te van a encontrar.
Declaro y profetizo que la bendición de Dios te cerca, te rodea y también te alcanza. Aunque tus enemigos se hayan multiplicado. Caerán mil a tu diestra, diez mil a siniestra, pero a ti no llegarán. El Señor es tu fortaleza. Él es tu amparo. Declaro en el nombre de Jesús que, así como Dios ha rodeado a Job guardándolo, así también te guarda el Señor. Ningún arma, ninguna calumnia, ninguna mentira en contra de tu vida, prevalecerá. Eres guardado, sellado y protegido por el Señor.
En el nombre de Jesús. Amén.»

CAPÍTULO 6

¿EXISTEN LOS PROFETAS?

«La ley y los profetas eran hasta Juan; desde entonces el reino de Dios es anunciado, y todos se esfuerzan por entrar en él» (Lucas 16:16).

Muchas personas creen que los profetas se terminaron con Juan el Bautista, por mal interpretar este texto. ¿Qué significa: la ley y los profetas fueron hasta Juan? ¿Acaso el texto está diciendo que ya no hay más profetas?

¡Por supuesto que hay profetas! Y en la Biblia es notorio la presencia de ellos, pero permíteme explicarte qué significa eso. Cuando la Biblia dice que la ley y los profetas fueron hasta Juan el Bautista, se refiere a que todo lo que decía la ley y los profetas acerca de Jesús, llegó hasta Juan el Bautista. Es por eso que Juan fue el último profeta en hablar acerca de Jesús, porque lo que otros profetizaron, él lo vio con sus propios ojos. Jesús llegó a afirmar que nacido de mujer no había quién supere a Juan el Bautista, porque tuvo el privilegio de profetizar sobre el Mesías y de presentarlo a todas las personas de esa época.

Pero el ministerio profético siguió en funcionamiento, tal y como podemos observarlo: *«Había entonces en la iglesia que estaba en Antioquía, profetas y maestros...»* (Hechos 13:1). Si los profetas fueron hasta Juan el Bautista, y él estaba muerto, entonces ¿por qué hace mención que en Antioquía había profetas y maestros?

«Y Judas y Silas, como ellos también eran profetas, consolaron y confirmaron a los hermanos con abundancia de palabras» (Hechos 15:32). Si los profetas terminaron con Juan el Bautista, ¿por qué en el libro de Hechos, menciona a Judas y a Silas como profetas?

«Y permaneciendo nosotros allí algunos días, descendió de Judea un profeta llamado Agabo...» (Hechos 21:10).

«Y habiéndoles impuesto Pablo las manos, vino sobre ellos el Espíritu Santo; y hablaban en lenguas, y profetizaban» (Hechos 19:6).

«Asimismo, los profetas hablen dos o tres, y los demás juzguen. Y si algo le fuere revelado a otro que estuviere sentado, calle el primero. Porque podéis profetizar todos uno por uno, para que todos aprendan, y todos sean exhortados. Y los espíritus de los profetas están sujetos a los profetas...» (1 Corintios 14:29-32).

Pablo enseñó cómo deberían ejercer el don profético ordenadamente en la iglesia. Y cierra en los cinco ministerios que menciona la Biblia donde aparecen los pastores, evangelistas, maestros, apóstoles, también los profetas (Efesios 4:11).

Si no creemos que existe el ministerio profético entonces tendríamos la misma excusa para no creer que existen los otros cuatro ministerios. Recuerda que el último libro de la Biblia, Apocalipsis, está confirmado básicamente por profecías. Negar que existen los profetas sería ir en contra de lo que dice la Biblia.

NEGAR QUE EXISTEN LOS PROFETAS SERÍA IR EN CONTRA DE LO QUE DICE LA BIBLIA.

En los días actuales, es evidente que el Espíritu Santo sigue usando a Sus profetas para *exhortar, edificar y consolar* el Cuerpo o la Iglesia de Cristo. Si te sientes convencido con esta explicación, has logrado alcanzar un nivel elevado de fe, de lo contrario ora para que el Espíritu Santo te traiga convicción de que aún hoy sigue usando a Sus profetas.

Cinco ministerios

«Y él mismo constituyó a unos, apóstoles; a otros, profetas; a otros, evangelistas; a otros, pastores y maestros» —Efesios 4:11

Así como nos referimos a los profetas, la Palabra nos enseña claramente que hay cinco ministerios, a quienes voy a representarlos con el dibujo de una mano para que los recuerdes e identifiques cada vez que hables de ellos.

APÓSTOL

Al ministerio apostólico lo identificamos como el dedo pulgar de una mano y representa la señal de aprobación o de desaprobación. Es el único dedo que puede tocar a los demás, ningún otro puede hacerlo. Haga el intento y verá que es así. Un profeta o un evangelista no puede ungir a un apóstol, pero un apóstol puede ungir a un profeta o a un evangelista. La palabra «apóstol» significa «enviando». Es el que da el fundamento. Un verdadero apóstol tiene iglesias hijas y es pastor de pastores que llegan a transformar una ciudad. Cuanto más eficaz es el apóstol, mayores serán los cambios que se producirán en su ciudad. Los índices de violencia, corrupción, prostitución, robo y homicidios, caen cuando la unción apostólica es manifestada. Un verdadero apóstol trastorna la ciudad, alborota el barrio, y aún me animo a decir, el país ya no es más el mismo.

PROFETA

Al profeta lo representamos con el dedo índice, el que señala, el que elige. Es quien habla de parte de Dios. Indica, da dirección, destino y futuro. El profeta marca un norte.

EVANGELISTA

De entre todos los dedos, el evangelista representa al dedo medio de la mano o llamado dedo del corazón. Es quien siempre va lejos, cruza fronteras, ciudades, su misión es llevar un mensaje de salvación acompañado de señales, prodigios y maravillas. Cuando el corazón de un evangelista late, su sonido replica: «¡Almas, almas y almas!».

PASTOR

El pastor es representado por el dedo anular o del compromiso. Un verdadero pastor se siente comprometido en apacentar su rebaño, busca lo mejor para su pueblo y no ve a su gente con cara de «sobre de diezmos y ofrendas», sino como a ovejas que necesitan ser apacentadas, alimentadas. Un buen pastor da su vida por sus ovejas.

MAESTRO

Quien representa al maestro en la mano, es el dedo meñique, el más pequeño, pero su importancia es única y eficaz, ya que destapa los oídos y te hacen comprender las Sagradas Escrituras. Un buen maestro es aquel que aprende mientras enseña. Un buen maestro, si no puede llevarte a su nivel, se baja adonde tú estás para alzarte y llevarte con él. Un maestro tiene la habilidad y la capacidad dada por Dios de no solo leer la Biblia sino también de estudiarla. Para un maestro, leer no es un peso, sino un deleite. El que no se sienta para aprender, jamás estará de pie para enseñar.

Mi comienzo profético

Mi ministerio profético comenzó cuando me acerqué a Dios para ser Su amigo, para disfrutar de Su presencia y para escuchar lo que quería decirme. Luego de haber sido bautizado con el Espíritu Santo, nació en mí una intensa búsqueda por Su poder. Quería más porque sé que siempre hay más. Quería conocer Su gloria, Su unción y este fuego sobrenatural que apenas estaba conociendo.

Durante esos días, subía a la montaña a las doce de la noche para orar y regresaba a las siete de la mañana. Durante largas horas, buscaba tener cada día una relación más íntima con el Espíritu Santo, y cuando alcanzaba a tocar el maravilloso río de Dios, me tiraba de cabeza hasta llegar a lo más profundo.

LUEGO DE HABER SIDO BAUTIZADO CON EL ESPÍRITU SANTO, NACIÓ EN MÍ UNA INTENSA BÚSQUEDA POR SU PODER.

Quizás te preguntes: «¿Qué se hace y dice en tantas horas de oración?». ¡Es importante que comprendas que la oración no es una carga sino un privilegio! Existen millones de personas en el mundo y Él se toma el tiempo de escucharte a ti. Así también lo entendía Moisés, que oró durante cuarenta días y cuarenta noches en una montaña. Curiosamente, lo que para Moisés era una voz audible arriba de la montaña, para la gente que estaba abajo, solo eran truenos y bocinas. Te compartiré uno de mis secretos: Cuanto más cerca estés de Él, más nítida será Su voz. Cuanto más lejos, solo serán ruidos desconocidos.

Mi comienzo en lo profético fue sin lugar a duda muy radical. Recuerdo que lo único que quería todo el día era que Dios me hablara, escuchar Su voz. Sabía que en el transcurso del día o de la tarde me cruzaría a alguien en el camino y quería entregarle una palabra, que escuchara algo de parte de Dios. Siempre buscaba tener algo de Dios para dar. Pero ¿cómo podría dar algo que no tenía? De ahí mi gran deseo por escuchar a Dios, lo que más quería era oírlo para poder hablarle a otros, para poder entregarle un mensaje especial al que lo estuviera buscando.

Creo que esta fue una de las claves para poder hacer lo que hoy hago y tener lo que hoy tengo. Es que no buscaba a Dios solo para tenerlo, lo buscaba para compartirlo. De hecho, hay mucha gente que lee la Biblia para hablar, yo la leía para alimentarme, y una vez que recibía el alimento, podía alimentar a los demás.

Anhelaba cada día conocer a Dios de una forma diferente,

caminar con Él de una manera especial. A lo largo de este tiempo, luego de años de caminar con Dios, es increíble que todos los días siga revelándose en mí de una forma diferente.

NO BUSCABA A DIOS SOLO PARA TENERLO, LO BUSCABA PARA COMPARTIRLO.

Quiero animarte a que puedas conocer a Dios todos los días de una forma distinta, de una manera especial, que tus oídos estén dispuestos siempre a escucharlo, y que tus labios puedan estar a su disposición. Dios siempre quiere hablarte, pero no todos los oídos están disponibles para escuchar. Si quieres ser o tener el don profético necesitas entender que tus oídos y labios ya no te pertenecen.

Palabra declarada para tu vida

«Declaro sobre ti que no tendrás duda acerca de tu llamado. El Señor te capacitará en cada área de tu vida.
Declaro y bendigo cada paso que darás para cumplir con tu llamamiento y con tu ministerio. Declaro que tus ojos verán lo que Dios quiere, tus labios hablarán lo que Dios dice, y tus oídos estarán siempre dispuestos a escuchar la voz de Dios para

que tus pies puedan caminar en dirección a aquello a lo cual Dios te llamó.
Hoy bendigo tu vida, y declaro en el nombre de Jesús que estás capacitado para cumplir con tu ministerio y tu llamado. Amén.»

CAPÍTULO 7

CÓMO ESCUCHAR LA VOZ DE DIOS

Hacía muy poco tiempo que había conocido a Dios, apenas unos pocos meses, y estaba aprendiendo a escuchar la voz de Dios. Una tarde debía realizar un trámite en el centro de la ciudad y había mucha gente yendo y viniendo, cada uno en sus cosas, con sus propios problemas. De pronto escuché la voz de Dios que me dijo: «Ese hombre que viene caminando directo hacia ti, es cristiano y está esperando una respuesta de mi parte. Dile esto...», y me dijo qué debía decirle. Al mirarlo, noté que su apariencia no era la de un cristiano, tenía tatuajes, aros, cadenas, entonces me pareció extraño acercarme para decirle que Dios me había dado una palabra para él, pero la voz de Dios que me insistía era tan fuerte, que debía darle esa palabra. Pero al cruzarnos, me hice el desentendido y seguí de largo. Sin embargo, el Señor volvió a insistir: «Regresa a decirle lo que te hablé, porque ese hombre está esperando esta respuesta». Al mirar nuevamente ya no lo encontré porque se había perdido entre la multitud. En ese mismo momento Dios me habló clarito: «Si no quieres oír mi voz, no hay problema, buscaré a otro a quién hablarle y a ti, ya no te hablaré». Esto me generó una desesperación, una preocupación de que Dios ya no me hablara, entonces empecé a pedirle perdón mientras caminaba y de tanto orar se me secó la garganta. Me detuve en un quiosco para comprar un agua y cuando entré al lugar, aunque habían pasado varias horas, allí estaba el mismo hombre que Dios me había señalado para que le diera aquella palabra.

Al verlo, rápidamente me acerqué y le dije: «El Señor me dijo que estabas esperando una respuesta». Al escucharme cayó de rodillas al suelo, me miró y me dijo: «Hace años que estoy esperando esa respuesta. Dime qué te dijo Dios». Me sentí un poco avergonzado, ya que todos comenzaron a mirar lo que estaba ocurriendo. Entonces solté la palabra que Dios me había dado para él, y le dije: «Dios me pidió que te dijera esto...». Al oírla confirmó que esa era la respuesta que estaba esperando de parte de Dios.

Para mí, esa fue una de las experiencias que marcaron mi vida espiritual al comenzar a escuchar a Dios. Descubrí que te puede hablar en el templo, en la calle, en una plaza, en el baño o en la cocina. El que tiene oídos para oír, oiga. La voz de Dios está disponible para todos aquellos que quieran escuchar.

Escuchar a Dios

Una de las preguntas más frecuentes que me hacen es: ¿Cómo puedo escuchar a Dios? De acuerdo a mis propias vivencias, hay varios puntos que debes conocer para poder escuchar la voz de Dios:

Número uno: Tener la motivación correcta.

¿Cuál es tu verdadera motivación para querer escuchar a Dios? Algunos creen que es la forma para llegar a ser famoso, ganar dinero, o tal vez creen que lo llamarán «profeta o ungido». Quizás otros piensen que serán invitados a los mega congresos de las iglesias. Sin embargo, debes saber que, si tu motivación es alguna de estas, permíteme decirte que te encuentras lejos del verdadero objetivo de por qué escuchar a Dios.

NINGUNA RELACIÓN ES BUENA CUANDO ES MOTIVADA POR EL INTERÉS.

Ninguna relación es buena cuando es motivada por el interés. Ningún matrimonio o noviazgo sobrevive por mucho tiempo, cuando es movido por intereses. En una relación verdadera siempre se entrega y se recibe, única y exclusivamente porque se aman, y anhelan compartir tiempo juntos, disfrutan hablar y ser escuchados. Con Dios pasa exactamente lo mismo.

En mi caso, anhelaba escuchar a Dios por el amor que siento por Él y el anhelo por conocerlo más. Eso es lo único que mueve mi corazón. Relacionarme con Él, sin esperar nada a cambio. Simplemente hablar y disfrutar que Él me escuche. Si esta es también tu verdadera motivación, te aseguro que escuchar a Dios es más simple de lo que te imaginas.

Cuando Dios llamó a Moisés al ministerio, le pidió que pusiera su mano en el pecho, cuando la sacó, la mano estaba leprosa. Al hacerlo por segunda vez, su mano estaba limpia y sana. Dios le estaba enseñando a Moisés un principio: Si su pecho, su corazón estaba enfermo, todo lo que sus manos tocaran, también enfermaría.

Número dos: Ser sensible.

¡La sensibilidad permite que tus sentidos estén activos! Dios entregó a cada ser humano cinco sentidos naturales: visión, gusto, tacto, olfato y audición. Debes ser sensible al punto tal que estos sentidos estén a Su disposición. Seguramente has escuchado decir: «Cuando te vi, Dios me dio una palabra. Cuando te saludé, Dios me dio una palabra». En estas expresiones descubrimos que el sentido del tacto y la vista están conectados con Dios.

Número tres: Debes de ser una persona espiritual.

Debemos ser espirituales porque Dios es espíritu, y los carnales no disciernen las cosas espirituales. Si eres guiado por tus impulsos terrenales, te será muy difícil escuchar la voz de Dios, porque Él es espíritu y la frecuencia en la cual se comunica también es espiritual.

Número cuatro: Obediencia.

Quienes anhelan escuchar a Dios deben practicar el principio de la obediencia. Tus oraciones y ayunos son muy importantes, pero no reemplazan a la obediencia. *«Ciertamente el obedecer es mejor que los sacrificios»* (1 Samuel 15:22). Una de las características más importantes de un profeta es la obediencia. Podemos entender a través de la historia de Jonás que, a los desobedientes ni los peces lo aguantan, sino que lo vomitan. En ocasiones escuché de parte de Dios, palabras de confrontación dirigidas a alguien, pero eran tan duras y fuertes que verdaderamente no tenía ganas de decirlas.
Confrontar a un amigo o al presidente de una nación, es correr el riesgo de ser expulsado. Pero siempre que he sido tentado a callar, recuerdo este principio de la obediencia. Es mejor obedecer a Dios que a los hombres. *«Es necesario obedecer a Dios antes que a los hombres»* (Hechos 5:29).

¿Por qué ya no escucho a Dios?

Dios habla en todo tiempo de diferentes maneras, ya sea por visión, sueño, revelación, palabra, prédica y alabanza. Si habla en todo momento, ¿por qué no lo puedes escuchar? El problema no está en Él sino en nosotros. La dificultad no está en el que habla sino en el que escucha.

Hay varias razones por las cuales las personas dejan de escuchar a Dios, pero, me voy a enfocar en las seis que considero más importantes:

Número uno: El pecado.

La palabra dice que «sus oídos no están tapados para no oír, ni sus manos acortadas para no salvar», pero el pecado te separa de Dios. Sin lugar a duda, este es uno de los principales motivos por el cual has dejado de escuchar a Dios. El pecado te hace sentir indigno, impuro y no merecedor. A tal punto en que te alejas de Dios. Eres tú el que se aleja, no Dios. Dios siempre está en el mismo lugar, sentado en Su Trono de gloria, pero tú elijes cuál camino seguir. Los que te alejan de Dios también te impiden que escuches Su voz.

Número 2: La distracción.

¿Te pasó alguna vez estar conversando con alguien y de pronto dejas de prestarle atención porque algo te distrajo? Cuando esto sucede ocurren dos cosas: En primer lugar, la persona te dejará de hablar al percibir que no le pones atención. Segundo, te pierdes de saber todo lo que te dijo. Con Dios pasa exactamente lo mismo. Él siempre está hablando, pero nosotros nos distraemos muy fácilmente, con un sencillo ruido o una notificación en el celular, ya nos desenfocamos. Si tu preocupación por escuchar a Dios fuera tan fuerte como leer tus notificaciones en el celular, te aseguro que tu relación o tu comunión con Dios, sería distinta. Si con la misma velocidad que respondes un mensaje le contestaras a Dios, ahora mismo no estarías haciéndote esta pregunta. Cuando hablas con alguien que está distraído con otras cosas, el mensaje que estás transmitiéndole a la persona que nos está escuchando es: «No eres demasiado importante o no me importa lo que quieres decirme». De esta manera, hacemos que la persona se sienta ignorada. ¿Cuántas veces lo hemos hecho con Dios?

ERES TÚ EL QUE SE ALEJA, NO DIOS. DIOS SIEMPRE ESTÁ EN EL MISMO LUGAR, SENTADO EN SU TRONO DE GLORIA.

Número 3: Insensibilidad.

Sin lugar a duda, la falta de sensibilidad es otro motivo importante que nos impide escuchar a Dios. Una de las definiciones para la palabra «insensible» es «dureza de corazón y no percibir las sensaciones a través de los sentidos». La dureza de corazón te convierte en una persona terca, insensible y altiva. Dios mismo nos advirtió que los altivos no entran en Su círculo de amistad. No solo no se comunicará con ellos, sino que los miraría de lejos. Endurecer el corazón te distanciará de Dios. Así como un hombre insensible afecta su relación con su mujer amada, también lo alejará de Dios.

Número 4: Ser carnal.

Dios es espíritu y se comunica con nosotros a través del espíritu. Como ya sabes, todo ser humano está conformado por *cuerpo, alma y espíritu.* El cuerpo es igual al físico, a la carne. El alma contiene las emociones y los sentimientos. El espíritu está relacionado con lo espiritual y es el canal a través del cual Dios se comunica con nosotros. Es por ello que no podemos entender en la carne lo que Dios solo habla en el espíritu. La Biblia afirma que los carnales no entienden a los espirituales.

Una radio está conformada por una antena, un aparato receptor y una frecuencia. La antena recibe una señal de frecuencia, la frecuencia emite la transmisión y el aparato receptor la transmite. De igual manera funciona Dios. La antena es el espíritu que recibe la señal, la frecuencia es el alma, y el cuerpo es el aparato receptor. Así como un aparato radial no puede transmitir sin una antena, nosotros no podemos comunicarnos con Dios a través de la carne, sino con el espíritu. Para escuchar a Dios necesitas que tu antena esté funcionando para recibir la sintonía o frecuencia correcta, y tu radio debe estar en buenas condiciones para recibirla.

Cuando entras a una habitación e intentas prender la luz, pero no se enciende, no sabes si se quemó el foco, si se cortó el cable o si el interruptor funciona mal. Lo único que sabes es que no funciona y tienes que revisar el foco, el cable y el interruptor. Si quieres escuchar a Dios debes tomar el tiempo para verificar cómo está tu alma y tu cuerpo, porque *el espíritu siempre está dispuesto.*

PARA ESCUCHAR A DIOS NECESITAS QUE TU ANTENA ESTÉ FUNCIONANDO PARA RECIBIR LA SINTONÍA O FRECUENCIA CORRECTA.

Número 5: El afán.

La palabra afán también significa preocupación. El estar afanado te impedirá escuchar a Dios, así como pasó con Marta, que estaba más preocupada por sus tareas que por escuchar la voz de Jesús. Quizás te preguntes, ¿es que Dios ya no me habla? ¡Sí, Dios te habla! El problema es que no tienes tiempo para escucharlo. Jesús no quería el servicio de Marta, solo anhelaba su atención. Hay personas que están tan afanadas yendo de un lado para el otro, que Dios ya no puede hablar con ellos sino solo a través de sueños. Si eres de esas personas que dice: «A mí Dios solo me habla por sueños», es porque no encuentra tiempo para hablarte cuando estás despierta. El ejemplo claro es Jacob, que de tan afanado al escapar de un lado a otro se quedó dormido y tuvo un sueño. Al despertar dijo algo curioso: «Ciertamente Jehová está en este lugar, y yo no lo sabía». Ese es el problema, Dios siempre estuvo allí, pero el afán de Jacob no le permitió verlo.

Número 6: La rutina.

Muchos matrimonios se separan por haber caído en la rutina. Ya no hay novedades, las ganas de escuchar y hablar no son las mismas, ya uno no quiere sorprender al otro, y cuando menos te das cuenta, ya casi ni se hablan. Así pasa con Dios, la rutina puede arruinar la comunicación. Tu oración es siempre la misma. Repites siempre lo mismo y la rutina te puede hacer incluso caer en el peligro de la religiosidad, de orar sin sentir lo que estás diciendo o de hacerlo solo por hacerlo. ¿Hace cuánto tiempo que no te sorprendes a ti mismo orando en horarios fuera de lo común? ¿o adorando en lugares poco comunes? ¡Debes salir urgente de la rutina! Siempre que hagas algo para Dios, que sea con un sentir, para que no te pase como aquellos a quienes Jesús les dijo: *«Este pueblo de labios me honra; mas su corazón está lejos de mí»* (Mateo 15:8).

Palabra declarada para tu vida

«Declaro hoy sobre tu vida que antes de que termines de leer este libro, tu motivación por oír la voz de Dios será la correcta. Habrás desarrollado la completa sensibilidad de tus sentidos para que estén totalmente conectados con Dios.

Declaro que serás más espiritual y ya no te costará caminar en obediencia y escuchar Su voz. Tus oídos estarán abiertos para oír a tu Creador.

Anhelo que en tu corazón arda el deseo de pedir perdón a Dios por las veces que lo has ignorado distrayéndote con otras cosas. Que pidas perdón por tus pecados y aceptes Su perdón, que vuelvas a ser sensible como un niño a la voz del padre. Que ya no estés afanado porque sabes que Él te cuida. Que crucifiques tu carne para que resalte tu espíritu. Y que rompas tu rutina haciendo una oración ahora mismo, pidiendo a Dios que abra tus oídos y vuelvas escuchar Su voz. Amén.»

CAPÍTULO 8

LAS VOCES QUE PUEDES ESCUCHAR

Hacía tan solo dos meses que nos habíamos casado, y todavía estábamos con Glaucia abriendo y desempacando los regalos del casamiento, cuando escuché una voz muy clara que me dijo: «Dejen Brasil y vayan a Argentina a llevar el Evangelio a la provincia de Santiago del Estero». Si yo hubiera sido racional, no lo hubiera tomado de parte de Dios, pero tenía la certeza de que era Él quien me había hablado. Entonces comenzamos a orar pidiéndole confirmación de esta indicación de su parte.

El domingo siguiente participamos de una vigilia de oración y una mujer se acercó y me dijo: «Es tiempo de tomar tus maletas y viajar a otra nación, porque el Señor te está enviando a otro país». Para mí, esta fue la clara voz de Dios confirmando lo que ya me había dicho. Pero antes de irnos de la iglesia, se acercó otra persona y me dijo: «El Señor te dice que no es tiempo de irte de Brasil a predicar a otra nación». Esto produjo en mí un choque, una confusión. Tenía una primera voz que me animaba a viajar y una segunda voz que me decía que no debía hacerlo.

Entonces llamé a las dos personas, las puse frente a frente, y a la primera le dije: «Me has dado una palabra de parte de Dios y me dijiste que debía irme a otra nación a predicar». Y a la segunda le dije: «Tú me dijiste que no era tiempo de viajar a las naciones. ¿Cuál de ustedes realmente me lo ha dicho de parte de Dios?».

La primera me respondió: «Estoy segura de esto: Dios me dijo que te diera esa Palabra». Pero la segunda, dijo: «Es que eres muy joven y recién estás casado, y todavía tienes mucho que hacer aquí, antes de viajar». Por supuesto entendí que la segunda persona quiso darme un consejo de su propia voz, pero dijo que era la voz de Dios.

Preparados para escuchar

En una ocasión fui a predicar a una provincia que es espiritualmente muy fuerte, ya que sus habitantes practican mucho el ocultismo y la brujería. Antes de viajar mi esposa me aconsejó que no fuera, que no era tiempo de ir a ese lugar, no le hice caso e igualmente fui. Al llegar a esa provincia, solté la palabra de libertad que Dios había puesto en mi corazón para esa ciudad, pero a medida que iba profetizando comencé a pensar en lo que me había dicho mi esposa acerca de tener cuidado con lo que iba a declarar. Pero yo hablé, y mientras lo estaba haciendo, una niña de unos ocho años que estaba en medio de la multitud, me hacía señas de que me acercara. Cuando camino hacia ella, me dijo: «Acabo de escuchar una voz que me dijo que te quedan solo dos meses de vida». Imagina todos los pensamientos que cruzaron por mi mente, inmediatamente fui a ver el almanaque para ver qué fecha era la que marcaba mi muerte. Ese día debía viajar justamente a Costa Rica. Entonces llamé a mi esposa por teléfono y le conté lo que había pasado, entonces ella respondió: «Yo te dije que deberías haber cuidado tus palabras, porque el mundo espiritual existe y quiere afectar tu vida».

HAY TRES VOCES QUE SIEMPRE HABLAN A NUESTRA VIDA: LA VOZ DE DIOS, TU PROPIA VOZ Y LA VOZ DEL DIABLO.

Regresé a mi casa y esas palabras continuaban fijas en mi mente. Veía a mi esposa y sentía deseos de llorar de la tristeza con tan solo pensar que quizás podía morirme y la dejaría sola, criando a nuestros hijos, y durante toda esa semana me quedaba cerca de ella, queriéndola ayudar a hacer las cosas de la casa, pretendiendo ser un mejor esposo. Ella se dio cuenta de que algo me estaba afectando y para distraerme me dijo de salir e ir al cine. Fuimos a ver una película que se trataba de un hombre que iba a morir y trataba de preparar a su familia para ese proceso y consolarla. Salí rapidísimo del cine. Realmente estaba preocupado y debía resolverlo.

Al llegar a casa me encierro a orar y le pedí a Dios una palabra. Abrí la Biblia y el versículo que leí tenía que ver con muerte, no con vida. Tanto fue el temor que había entrado a mi vida que hasta contraté un seguro de vida para que mi familia pudiera estar cubierta y recibir algo de dinero para sostenerse al momento de ya no estar. Pero una noche, entré en mi habitación, y mientras oraba Dios me dijo: «Esa no fue mi voz, sino la del enemigo. Tú puedes viajar y ministrar. Yo estoy contigo. Yo soy tu Dios».

El enemigo quería instalar en mí el temor porque siempre que el diablo habla va a ser para paralizarte, y el miedo, paraliza. Pasaron los dos meses, y muchos años después, aun sigo predicando y viajando a las naciones.

Hay tres voces que siempre hablan a nuestra vida y debemos tener la claridad para diferenciarlas y no confundirlas, estas son: la voz de Dios, tu propia voz y la voz del diablo.

La voz de Dios

Cuando Dios habla siempre transmite paz, da vida y es para *«...edificación, exhortación y consolación»* (1 Corintios 14:3). Siempre que Dios habla, le da dirección al perdido y paz al afligido, aunque este se encuentre en medio de una tormenta. La voz de Dios transmite un «temor» que significa «respeto». Cuando Dios te habla, lo vas a distinguir porque es diferente a todas las otras voces.

Cuando un niño está perdido en medio de una multitud, si se encuentra desesperado, al escuchar la voz de su padre, aunque esté lejos, se sentirá protegido, cuidado y ya no sentirá temor.

¡DIOS NUNCA VA EN CONTRA DE SU PALABRA!

¿Cómo sé que es la voz de Dios la que me habla? Lo sabrás porque al escucharla los miedos se irán, y sentirás mucha paz. La prueba cabal para saber si es Dios quien te habla o no, es infalible. ¡Dios nunca va en contra de Su Palabra! Cuánto más conozcas la Biblia, menos te equivocarás al escucharlo y estarás seguro de que fue Él quien te habló. Pero si aun así no te encuentras seguro de que fue la voz de Dios, no te desesperes, no te preocupes, porque cada vez que Dios habla, vuelve a confirmarlo. *«Dios no es hombre, para que mienta, ni hijo de hombre para que se arrepienta. Él dijo, ¿y no hará? Habló, ¿y no lo ejecutará?»* (Números 23:19). Cuando Dios quiere hablarte acerca de algo, siempre logrará que lo entiendas.

Noé es un claro ejemplo de cómo escuchar la voz de Dios. Cuando le pidió que hiciera un arca, racionalmente era imposible construirla, no tenía sentido. Sin embargo, el arca sería para salvación, por lo tanto, esa voz no podía venir del enemigo, tenía que ser la voz de Dios. Cuando Noé escuchó a Dios, tuvo que renunciar a su terreno, a sus plantas, a sus animales para ir a un lugar que no conocía. Antes de entrar en el arca poseía una pequeña porción de tierra, pero cuando salió del arca ¡era dueño del mundo entero! ¡Escuchar a Dios siempre te va a beneficiar!

Tu propia voz

La voz del hombre o tu propia voz, también conocida como la voz de la conciencia, suele confundirse mucho con la voz de Dios. Pero no es una voz de revelación sino de intuición. Por lo general se cometen muchos errores y hay mucha confusión entre: ¿Fui yo o fue la voz de Dios?». Me pasó con algunas personas que querían darme un consejo, pero como no tenían credibilidad, pensaron que era mejor decir: «Así te dice el Señor».

Uno de los secretos en lo profético, es que, si tengo dudas, jamás hablo. Hay una gran diferencia entre la fe y la razón, y en lo profético no hay lugar para las dos cosas. Tienes fe o tienes razón. Tu voz siempre hablará por medio de la razón y el sentido común. La voz de Dios siempre hablará por medio de la fe.

Cuando se trata de tu voz, no te sentirás seguro, por lo general uno siempre se pregunta: «¿Será Dios o seré yo?». Siempre que te hagas esta pregunta, la respuesta será: es tu voz. Pero si es la voz de Dios tendrás la certeza de lo que escuchas, sin ninguna duda, es la voz de Dios.

TU VOZ SIEMPRE HABLARÁ POR MEDIO DE LA RAZÓN Y EL SENTIDO COMÚN. LA VOZ DE DIOS SIEMPRE HABLARÁ POR MEDIO DE LA FE.

Claramente se puede percibir que la voz del hombre es la voz de la razón. Por eso, cuando el rey Saúl se apresuró, cometió uno de los peores errores de su vida: escuchar su propia voz. Seguramente habrá pensado: «Soy el rey y el profeta está tardando mucho, la tarea debe de ser concluida, y ¿quién mejor que yo, para hacerla? Esto es de Dios, racionalmente no hay otro después de mí». Tu propia voz tratará de convencerte de que eres el único y si tú no lo haces, nadie más podrá hacerlo. ¡Cuidado! Saúl fue rechazado por Dios por escuchar su propia voz y no la de Él. Si Dios no te está hablando, no te apresures, no te anticipes, espera. Es mejor esperar, que ser rechazado. En el episodio entre el rey Saúl y el profeta Samuel, Saúl comete el grave error de meterse en lo que no le correspondía. Samuel estaba autorizado para ofrecer el sacrificio, pero al tardar, Saúl pensó que él también podía hacerlo. No escuchó a Dios a través del profeta que dijo que solo él podía ofrecer sacrificio, sino que prefirió escuchar su propia voz. ¡Es mejor permanecer sentado que ser rechazado!

La voz del enemigo

Cuando es la voz del diablo la que habla, sientes miedo, duda, desesperación, angustia, pánico, y siempre habrá confusión. La voz del diablo siempre será todo lo opuesto a la voz de Dios, porque trae destrucción, sed de venganza, produce muerte y caos. ¡Jamás te olvides de que él es el padre de mentira! No permitas que el enemigo te mienta haciéndote creer que los fines justifican los medios. Será fácil discernir esa voz porque lo que escucharás herirá tu corazón o desobedecerá los principios bíblicos. Todo lo que va en contra de la Palabra de Dios, es del diablo.

Las voces de rebelión son del diablo. Dios nunca te dirá que te reveles en contra de tu iglesia o de tus líderes, porque así lo establece Su Palabra. He escuchado personas diciendo frente a las cámaras, mientras las están llevando a la cárcel: «Yo maté a mi hijo o a un ser querido porque escuché la voz de Dios que me lo pedía». Dios jamás diría a alguien, algo así, porque en Su Palabra dice: «No matarás». Tu propia voz, tu conciencia, jamás hablaría algo así, porque esto no es razonable, solo si estás alterado psicológicamente. Sin embargo, es claramente la voz del diablo, porque él vino para hurtar, matar y destruir. Conocemos la historia de Pedro cuando reprende a Jesús. ¡Sí, lo escuchaste bien! Pedro reprendió a Jesús, queda evidente que era el diablo quien en realidad lo hizo. La voz del diablo te confunde a tal punto que te hace creer que Jesús está equivocado y que tú estás en lo correcto. La vida de Jesús, desde Su nacimiento a Su muerte y resurrección, era parte de un plan de Dios. Pedro se interpuso en el camino tratando de convencer a Jesús que cambiara de planes, no cumpliendo así Su propósito. La voz del diablo siempre intentará que te alejes de tu propósito y del plan de Dios para tu vida. La voz del diablo habló a los oídos de Pedro diciéndole que Jesús y Su Palabra estaban equivocados. Recuerda siempre que el diablo va en contra de la Palabra de Dios o de lo que Dios dice.

LA VOZ DEL DIABLO SIEMPRE SERÁ TODO LO OPUESTO A LA VOZ DE DIOS, PORQUE TRAE DESTRUCCIÓN, SED DE VENGANZA, PRODUCE MUERTE Y CAOS.

Si Dios desea hablarte buscará la forma para que lo entiendas. Cuando Dios habla, no te preocupes. Cuando es tu propia voz la que habla, siempre razonarás o reaccionarás pasándolo por la intuición. Pero la voz del enemigo siempre va a confrontar con la de Dios y te llevará a tomar decisiones equivocadas.

Te desafío y te animo a que escuches claramente lo que Dios quiere decirte, sintoniza tus sentidos a la señal de Dios y te aseguro que pronto verás cumplirse el propósito de Dios en tu vida.

Palabra declarada para tu vida

«Declaro sobre ti que tus oídos estarán abiertos para oír solamente la voz de Dios, que no tendrás confusión entre la voz del enemigo y la voz de tu corazón.
Declaro que como nunca antes escucharás la voz del Padre hablando.
Declaro en el nombre de Jesús que la voz del enemigo no será escuchada en tu vida, que no tendrás confusiones espirituales ni mentales a causa de estas voces que te hablan. Bendigo tus oídos, para que se puedan destapar y puedas escuchar a Dios de una forma clara, nítida y limpia. En el nombre de Jesús, tus oídos están abiertos espiritualmente para escuchar la voz del Padre, en el Nombre de Jesús. Amén

CAPÍTULO 9

¡EL PELIGRO DE LA MANIPULACIÓN PROFÉTICA!

Cierto día, un profeta se presentó cuando estábamos edificando la iglesia. En ese momento estaba ayudando en la construcción y tenía las manos sucias de cemento. Esta persona bien vestida, con cadenas, anillos y reloj de oro, con la camisa media desabotonada y un maletín en sus manos, al verme me dijo:

—¡Quiero hablar con el pastor!
—Por supuesto, un momento, —le respondí.
Rápidamente fui a lavarme las manos y la cara, me presenté y lo llevé a mi oficina. Al sentarnos, le pregunté:
—¿En qué puedo servirle?
—Te dije que quiero hablar con el pastor, —respondió contundentemente.
—Estoy disfrazado de albañil, pero sigo siendo el pastor. —le dije risueñamente.
Luego del mal momento y mala impresión, dijo:
—Soy un profeta, tengo una unción muy fuerte. Viajo a las naciones con esté maletín, adentro tengo varias billeteras, y en un determinado momento de la reunión, cuando hago una poderosa oración, las regalo y aparece dinero dentro de ellas. Lo único que necesito al terminar esa reunión es que usted me dé una ofrenda.
—Hagamos algo, —le respondí—, vaya a su casa, ore por su maletín y el dinero que aparezca dentro de las billeteras quédeselo usted.

La verdad, si apareció o no el dinero, no lo sé, porque nunca más volví a ver a ese que se autoproclamaba «profeta».

Por lo tanto, si lo ves por ahí, con su maletín marrón, envíalo a su casa a orar, como lo hice yo.

Profético vs. Patético

Debemos aprender a diferenciar entre lo profético y lo patético.

Lo «profético» es un don sobrenatural que consiste en conocer por inspiración divina las cosas distantes o futuras.

Lo «patético» es lo penoso, lamentable o ridículo, según el Diccionario de la Real Academia Española.

Es vergonzoso, humillante y triste ver cuántas personas han sido heridas a causa de los profetas patéticos, y como resultado de esas malas experiencias, con solo escuchar la palabra «profeta» se asustan, se enojan y tiene reacciones fuertes y hasta agresivas. Quiero dejar en claro que entiendo lo que sienten, ya que muchos han cometido aberraciones utilizando el don profético para destruir hogares, empresas, familias, iglesias y ministerios completos. Mucha gente fue manipulada con supuestas profecías que comenzaban de esta manera: «¡Así te dice el Señor...!».

Me avergüenza escuchar historias de personas que recibieron muchas profecías, algunas de ellas decían: «Si me entregas $1,000 tu marido regresará a tu casa».

Pero debes saber que Dios también está enojado con todos ellos, y pronto veremos cómo muchos supuestos profetas serán vomitados de Su boca. Es mi oración que se arrepientan y vuelvan a la verdad.

La verdadera profecía no es para enriquecer al profeta sino para edificar al cuerpo de Cristo. ¿En qué momento cambiaron lo profético por lo patético? ¿En qué momento cambiaron la gloria de Dios por el dinero? ¿En qué momento lo terrenal se hizo más fuerte en su vida que lo espiritual?

LA VERDADERA PROFECÍA NO ES PARA ENRIQUECER AL PROFETA SINO PARA EDIFICAR AL CUERPO DE CRISTO.

Un verdadero profeta camina con sus pies sobre la tierra, pero con su mente y oídos en el cielo. Es importante recordar que Jesús dijo que como parte de las señales antes del fin se levantarían muchos falsos profetas (Mateo 24:24). Sin lugar a duda estamos en los últimos días, ya que hubo un incremento acelerado de muchos falsos profetas. Estos son profetas del desorden, de la tragedia, del dinero, de la fama y de la gloria. Cuando en verdad el profeta debería ser únicamente del Dios altísimo.

Como profeta de Dios pido perdón por todos aquellos hombres que se autoproclamaron profetas y te han fallado, manipulado, y entristecido tu corazón de tal forma que hay heridas en tu alma. Pero, no pierdas la fe ni dejes de creer, porque aún hay profetas de la verdad. El hecho de que hayas comido una mala comida no significa que todos cocinan mal. El hecho de que te hayas encontrado con falsos profetas no significa que no existan los verdaderos.

Siempre me he preguntado ¿por qué muchos inventan, estudian y manipulan profecías, cuando es algo tan sencillo, solo deberían doblar sus rodillas y buscar a Dios? Las respuestas que encontré para esta pregunta son las siguientes: la motivación incorrecta y la falta de mentoría o pastoreo. Un profeta no puede andar como llanero solitario, pues necesita ser instruido, mentoreado y guiado. Debe rendir cuentas a Dios en el cielo y a un hombre aquí, en la tierra. Por lo tanto, si anhelas el ministerio profético debes estar bajo la sujeción en autoridad ya sea de un pastor o un apóstol. El que no se sujeta al hombre que ve, mucho menos se va a sujetar al Dios que no ve. Algunos, al ser tan manipuladores, llegan a decir: «¡Yo no sigo al hombre, solo sigo a Dios! Sin embargo, creo que no leyeron o no conoce bien la Biblia.

«Aconteció después de la muerte de Moisés siervo de Jehová, que Jehová habló a Josué hijo de Nun, servidor de Moisés, diciendo: Mi siervo Moisés ha muerto;

ahora, pues, levántate y pasa este Jordán, tú y todo este pueblo, a la tierra que yo les doy a los hijos de Israel» (Josué 1:1-2).

UN PROFETA NO PUEDE ANDAR COMO LLANERO SOLITARIO, PUES NECESITA SER INSTRUIDO, MENTOREADO Y GUIADO.

Aun con todas las situaciones que hay en el área profética, los profetas son necesarios. La Palabra de Dios dice: *«Sin profecía el pueblo se desenfrena»* (Proverbios 29:18a). El diablo quiere dañar el ministerio profético para traer corrupción a la Iglesia. Es por eso, que Dios cuenta contigo, que estás leyendo este libro, para que te levantes como un verdadero profeta, con la única motivación y pretensión de agradar a Dios y edificar el cuerpo de Cristo. El cielo cuenta contigo y eres muy necesario. Por lo tanto, ponte en la brecha y levántate.

¿Cómo identificar un falso profeta?

Sería sencillo responder esta pregunta si estos tuvieran un gran letrero en la frente que lo identificara, pero como no es así, me veo en la necesidad de aportar mi sencilla opinión al respecto. Un falso profeta va más allá de una falsa profecía, puesto que además trae un espíritu de falsedad y de engaño, por lo tanto, tropiezan con los mismos errores. Generalmente los falsos profetas:

1. Distorsionan y manipulan las Sagradas Escrituras.

Suelen utilizar textos aislados, pocos conocidos o fuera de contexto. Por ejemplo, cuando son descubiertos en sus errores o señalados, la frase que suelen usar para su conveniencia es siempre la misma: «¡Ay de aquellos que tocan a los ungidos de Jehová!».

2. ¡No se sujetan a nadie! Son rebeldes.

Por lo general, los falsos profetas se sienten incorregibles. Nadie puede decirles nada. Suelo llamarlos «la cuarta persona de la Trinidad». No escuchan a los pastores ni a los líderes, y se ofenden con facilidad. De esa forma exponen la soberbia y la arrogancia que hay en su corazón.

3. Falta de carácter.

La falta de integridad es casi siempre una característica en ellos. ¡Su familia es un desastre! Pierden la cuenta de cuántas esposas tuvieron o de cuántas novias vieron a escondidas. Los falsos profetas siempre están involucrados en escándalos financieros. Compran y no pagan. Le roban a la gente aludiendo a la célebre frase:

«Dios dijo que tienes que sembrar en mí». Viven de escándalo tras escándalo, lo que deja en evidencia la falta de carácter.

UN FALSO PROFETA VA MÁS ALLÁ DE UNA FALSA PROFECÍA, PUESTO QUE ADEMÁS TRAE UN ESPÍRITU DE FALSEDAD Y DE ENGAÑO.

---

4. Donde ellos están o por donde ellos pasaron, siempre hay confusión.

Al tener un espíritu incorrecto, los falsos profetas siempre están rodeados de situaciones confusas. Siembran confusión, separan familias, dividen iglesias, destruyen empresas, son un verdadero peligro. Se asemejan a lobos rapaces en busca de nuevas presas. Por eso es importante que estés siempre bajo el cuidado del Supremo Pastor, que con Su vara te protegerá y te cuidará de esos engañadores.

5. Sus profecías jamás se cumplen por tener la motivación incorrecta, hablan de sus corazones.

Hasta me atrevo a decir que algunos los usa directamente el diablo para llevar confusión y distracción al cuerpo de Cristo. Cuando Dios habla, cumple lo que dice, porque quién habló fue Dios y no el profeta. Pero cuando un falso profeta habla no hay garantía de su cumplimiento.

6. Montan un espectáculo en el servicio de culto, para captar toda la atención sobre ellos.

Son movidos por aplausos y gritos de gloria. Les gustan que los halaguen y los exalten. Por eso afirmo que un falso profeta hace de un culto de adoración un verdadero espectáculo de entretenimiento. Jamás olvides que una persona con un corazón correcto, siempre le dará la gloria a Dios, y nunca tomará lo que no le corresponde.

7. Siempre traen unciones y manifestaciones extrañas.

No pretendo ponerme en el lugar de juez y decir: «Esto sí o esto no». Pero seguramente te has cruzado con algunos «profetas» que tienen la unción de Rambo, rompen todo lo que encuentran por el camino. Golpean, lastiman, hacen ruidos raros, gestos extraños, y dicen que es tan fuerte la unción de Dios que está sobre ellos que no la pueden controlar. Pero recuerda que el Espíritu Santo es sensible, no agresivo. Cuando descendió sobre Jesús lo hizo en forma de paloma, una de las aves más mansas del mundo, ¡no era un buitre!

8. Son intocables, no saludan a nadie que no tenga nada que ofrecerles.

¡Los falsos profetas se sienten más famosos que el mismo Jesús! Si los tocas o los saludas, es como si le quitarás la unción. Siempre te harán sentir que ellos son ¡muy santos, y tú muy pecador! Se olvidan de que fuimos comprados por la misma sangre. Suelen decir: «Si no es en un buen carro, que no me vengan a buscar.» «Si el hotel no es cinco estrellas, no me honran como corresponde.» Si colocaron su foto muy pequeña en un afiche de promoción, se ofenden y se molestan. Quieren siempre ser mencionados. El mayor privilegio de un hombre o mujer de Dios es que su nombre esté escrito en el Libro de la Vida, y no en un afiche donde en poco tiempo, nadie se acordará.

9. ¡No conocen la Biblia y casi no la utilizan!

Como su motivación está centrada en ellos, y no en Dios, no les importa enseñar la Palabra. Por eso, hablan más de ellos mismos que de Jesús. Solo quieren su propia gloria. Son como latas vacías: Mucho ruido y poco contenido.

10. Utilizan otras fuentes.

La única fuente verdadera es Cristo, pero como están desconectados de Él, entonces buscan sus propias fuentes y confabulan sus profecías. Buscan fuentes como redes sociales y lo que escuchan a otros hablar. Los verdaderos profetas no buscan otras fuentes, porque tienen a su disposición al Espíritu Santo que todo lo sabe y todo lo ve, solo hay que pagar el precio. ¡Ese es el problema de los falsos profetas, quieren todo fácil!

Advertencia para librarse de los falsos profetas

Si quieres librarte de los falsos profetas, te recomiendo que leas la Biblia, que escuches a tus pastores y líderes, y que tengas una vida de oración. Sobre todo, busca el don del discernimiento. Si no lo tienes, mientras lo buscas, acércate a alguien que lo tenga. Tener el don de discernimiento será como tener una vacuna, producirá en tu cuerpo y en tu esencia, la resistencia a este virus infernal llamado ¡falsos profetas!

Palabra declarada para tu vida

«Declaro y profetizo sobre tu vida que nunca serás engañado por ningún falso profeta. Te bendigo, y declaro sobre ti que el Señor te usará en el don de discernimiento, que no serás engañado ni engañada. El Señor te rodea de favor y gracia para poder defenderte a la luz de la Palabra, de todo o cualquier tipo de falso profeta. Declaro que el Señor abrirá tu conocimiento en la Palabra, y podrás discernir y reprender a aquellos que se acercan diciendo ser y no lo son.
En el nombre de Jesús. Amén.»

CAPÍTULO 10

¿QUIÉN ES PROFETA?

No es sencillo definir la palabra «profeta». De acuerdo a la epistemología del término en *griego*, es el que habla en lugar de otro, es el que declara los acontecimientos futuros. Básicamente la palabra «profeta» es Nabi que traducido en hebreo significa «aquel que anuncia». En algunas ocasiones, la palabra «profeta» en hebreo también aparecerá como *Ro'eh* que traducido significa «vidente» (Isaías 3:10). Para poder aclarar aún más este término decidí buscar más definiciones a través de diferentes diccionarios:

Douglas Tenney: Un profeta es como un vocero de Dios, inspirado por una visión, o a quién se le da a conocer el pensamiento de Dios y declara lo que ha visto como un mensaje para el pueblo (Éxodo 4:15-16).

Diccionario Bíblico Sencillo: Profeta es alguien a quién Dios reviste de Su autoridad para que comunique Su voluntad a los hombres y los instruya.

Diccionario de Jerusalén: La palabra profeta deriva del término de la ideología antigua que significa predecir.

Diccionario Pastoral: El profeta bíblico no es un simple adivino o vaticinador del futuro, aunque sus palabras se refieren con frecuencia a lo que está por suceder. Profeta es el confidente, el mensajero, el portavoz de Dios; como Aarón fue portavoz de Moisés.

Diccionario Mundo Hispano: Profeta es aquel que se expresa como vocero de Dios (Éxodo 7:1). A quién le da a conocer Su pensamiento y declara lo que ha visto como mensaje para el pueblo.

Diccionario Bíblico Torres Amat: Profeta es un hombre lleno del Espíritu de Dios que ve claramente la situación en la que vive, y enviado por Dios, denuncia el mal y la injusticia, y anuncia mensajes para mejorar la condición del pueblo.

Diccionario Perspicacia: Profeta es la persona mediante la cual Dios da a conocer Su voluntad y propósito (Lucas 1:70 / Hechos 3:18-21).

Después de haber leído algunas definiciones del término, permíteme explicarte cómo defino personalmente qué es un profeta. De acuerdo con los tiempos bíblicos, Israel era conducido por un gobierno teocrático («teo»: Dios / «crático»: gobierno): Dios en el gobierno. Esto significa que era Dios quien gobernaba sobre toda la nación de Israel. Pero llegó un tiempo en el que Israel, al mirar las naciones vecinas, eligió la monarquía. Quería ser gobernado por un hombre, despreciando el gobierno de Dios. Comenzando por Saúl, luego David y Salomón, y posteriormente otros reyes. Dios ya no estaba en el control, por lo tanto, necesitaba usar a alguien que hablase por Él cuando el pueblo rompía la ley, los principios y estatutos establecidos por Moisés. Así nació el ministerio profético y el profeta. Por eso la terminología «portavoz», el hombre hablando por alguien, representando a alguien.

Los profetas siempre eran utilizados por Dios para que, a través de Su mensaje, el pueblo hostil regresara a Él, tal como lo hizo el profeta Jonás, Elías, Eliseo, Jeremías y muchos otros.

En mi sencilla y clara visión, un profeta es un hombre escogido por Dios, dotado de la llenura del Espíritu Santo, lleno de autoridad, para ser un portavoz de Dios trayendo un mensaje de *consolación, edificación y exhortación* a la Iglesia, que es el cuerpo de Cristo. Este mensaje puede venir a través de una visión, un sueño, una revelación, una inspiración o hasta un sentir sensible a la voz de Dios. Ser profeta es ser un portavoz, es hablar por Él, a través de Él.

Palabra profética, don profético y oficio profético

En muchos de los lugares a los cuales visito, suelen preguntarme cuál es la diferencia entre palabra profética, don profético y oficio profético.
Estas son las diferencias:

Palabra profética: Muchas veces Dios tiene un mensaje que darle a alguien y utiliza a alguno de sus hijos para realizar la entrega. Tú puedes ser la persona a quien Dios utilice para dar ese mensaje profético, y seguramente eso se cumplirá. Esto es simplemente ser mensajeros de una entrega especial por una única vez o esporádicamente. Pero el hecho de que entregues una carta o un mensaje, no te convierte en un cartero. Dios te puede usar para dar una palabra profética sin que seas un profeta. Simplemente Dios quiso usarte para edificar, consolar o exhortar a alguien en esa única oportunidad.

Don Profético: Quien posee este don es un portavoz de Dios. Generalmente a aquellos que son profetas, se los reconoce de inmediato. Cuando portas el don, la misma gente te identificará. El don profético es mucho más que simplemente entregar un mensaje, te hace sentir, fluir y estar altamente sensible. La persona que posee este don, al llegar a un lugar, percibe el ambiente. Puede estar en su casa haciendo algo muy simple y sencillo, y de pronto recibir un mensaje de parte de Dios.

El don profético es como «burbujear», es como sentir que algo dentro de él comienza a fluir, a nacer, sin que sea provocado o inducido, simplemente es un río que fluye y no se puede cortar. Quien posee el don profético lee la Biblia como un profeta, adora como un profeta, come como un profeta, duerme como un profeta y despierta como un profeta. Es por eso, que a causa de su don profético puede recibir un mensaje mientras está comiendo, durmiendo, despertando o caminando, porque el don está en él.

DIOS TE PUEDE USAR PARA DAR UNA PALABRA PROFÉTICA SIN QUE SEAS UN PROFETA.

El oficio profético: Generalmente, quien tiene el *oficio profético* también tiene el don de ciencia. No solo ve la persona, ve el nombre, la casa donde vive y su condición actual con detalles, como si hubiese estado con la persona en alguna oportunidad. En la Biblia, el profeta de oficio hablaba a reyes y a gobernantes. Hoy profetizan a presidentes y a personas de altos niveles dentro de la sociedad. El profeta de oficio también tiene el llamado de vidente, porque no solo escucha a Dios, sino que también tiene visiones, ve las cosas más claras y nítidas, con riquezas de detalles.

Cierto día, en un país de Centroamérica, me invitaron a conocer al presidente de esa Nación. Al llegar, entre las personas que estaban esperando para reunirse con él, estaba el ministro de economía, sin embargo, al anunciarme, me permitieron entrar a verlo antes que las demás personas importantes que estaban esperando. Era la primera vez que lo veía, nunca antes lo había visto personalmente. Durante la reunión privada que teníamos, me manifestó su reticencia acerca de Dios y las cosas espirituales. En ese momento Dios me habló acerca de él y le di una palabra profética: «Sr. presidente, para que vea que es Dios el que le está hablando, le diré lo que me hizo saber. Hace años usted estaba sentado en un sillón verde, en una casa de color amarillo, y escuchó una voz que le dijo: "Serás el nuevo presidente de la nación"». Luego de decirle esas palabras pude notar el asombro en su rostro, y mirándome me repetía: «¿Cómo sabes eso? Yo estaba solo cuando sucedió eso y nunca se lo dije a nadie. ¿Cómo lo sabes?». Mi respuesta fue contundente: «El Dios que me habla lo conoce antes de que fuera presidente».

En otra ocasión, el Señor me dijo acerca de una nación en la que el presidente iría preso en poco tiempo. Personalmente estaba asombrado porque lo que escuchaba de parte de Dios, no era coincidente con la situación que se estaba viviendo en ese momento. Pero igualmente, miré las cámaras que me estaban filmando, y ante miles de personas, fui fiel a Dios y declaré lo que me estaba diciendo: «Viene un nuevo presidente a esta nación, porque la tierra está clamando por justicia. Yo haré justicia por esta nación y ¡el presidente que se levantare será puesto por Dios!». Hoy, al recordarlo me río, pero ese día temblaba. El profeta de oficio debe repetir sin temor lo que le fue revelado, porque sabe quién le habló. Meses después, todas las noticias mostraban cada detalle de la profecía que se cumplió. Un día suena mi celular y para mi sorpresa era el nuevo presidente diciéndome: «¡Me mostraron un video donde hace varios meses atrás has profetizado lo que estamos viviendo hoy!». Tiempo después tuve el privilegio de sentarme en el palacio presidencial y mientras desayunábamos le contaba al presidente de ese país cómo Dios me había dado esa palabra.

NO OLVIDES QUE DIOS TE PUEDE USAR A TI, PERO TÚ NO PUEDES USAR A DIOS.

A lo largo de estos años perdí la cuenta de la cantidad de profecías con lujo de detalles que entregué a distintas personas. Un profeta de oficio puede detenerse con su automóvil en un semáforo y mientras le están limpiando los vidrios, puede profetizarle a esa persona, el nombre, la calle donde vive y la situación que está atravesando. Un profeta de oficio puede profetizarle al mesero, al cocinero y hasta al mismo dueño del restaurante con detalles específicos. Así lo hacían constantemente los profetas del Antiguo Testamento. Cabe resaltar que un profeta de oficio siempre depende de Dios, nunca de sí mismo. No olvides que Dios te puede usar a ti, pero tú no puedes usar a Dios. Un profeta de oficio no puede profetizar lo que quiere sino lo que Dios le dice que repita.

El profeta Eliseo nos lo dejó en claro en el capítulo 4 del libro de 2 de Reyes. La sunamita había tenido el hijo que tanto anhelaba después de que el profeta se lo declaró. Con el pasar de los años, una tarde el niño enfermó y murió en brazos de su madre, quien lo apoyó sobre la cama y se fue a buscar al profeta. Cuando llegó la sunamita ante Eliseo, se aferró a sus pies. Giezi, su criado, se acercó para sacarla. Pero Eliseo le dijo: *«Déjala, porque su alma está en amargura, y Jehová me ha encubierto el motivo, y no me lo ha revelado»* (v.27).

Esta historia nos deja en claro que un profeta de oficio, por más experiencia que tenga, nunca habla lo que quiere sino lo que Dios le manda decir. Ejemplificándolo a través de un lenguaje militar, el que recibe una palabra profética es como un soldado, el que tiene el don profético es el Capitán, y quien tiene el oficio profético es como un General.

Si no conoces cómo termina la historia te animo a que leas todo el capítulo y te asombrarás de lo ocurrido luego, no solo por lo que el profeta declaró sino por su accionar sobre el conflicto.

El cumplimiento de las profecías

¿Has recibido una profecía y no se cumplió? ¡Hay algunos que son coleccionistas de profecías, pero no se cumplen! Es frustrante que te digan algo «de parte de Dios», y que nunca se cumpla. Las preguntas que pasan por la mente son las mismas: «¿Sería palabra de parte de Dios o el profeta me mintió? ¿Mi fe no es suficiente? ¿Sería esa profecía para mí?», y finalmente terminas creyendo que Dios te falló.

CUANDO UNA PROFECÍA NO SE CUMPLE, HAY QUE HACER UN ANÁLISIS MINUCIOSO, DEL PORQUÉ NO SE CUMPLIÓ.

Anhelo poder ayudarte a resolver algunos de estos conflictos que seguramente golpean en tu cabeza. Cuando una profecía no se cumple, hay que hacer un análisis minucioso, del porqué no se cumplió. Es como ir al médico y pretender tener un diagnóstico con tan solo decir: «Me duele». Si el médico es un profesional serio, te ayudará haciendo preguntas minuciosas tales como: «¿Qué comiste ayer? ¿Cuál es tu rutina de ejercicios? ¿Tienes algunas enfermedades previas a la que sientes ahora? ¿Qué te duele o dónde te duele? ¿Hace cuánto tiempo tienes ese dolor?». Cuántas más preguntas te haga el doctor, más probabilidades tienes de obtener un diagnóstico correcto.

Entonces, antes de contestar por qué no se cumplió la profecía, debes responder otras preguntas.

1. El profeta que te dio esa palabra ¿es un hombre de Dios, es una fuente confiable, un profeta verdadero? Si la respuesta es sí, pasaremos a la siguiente pregunta.
2. ¿Tienes la suficiente fe para creer lo que te profetizaron?
3. ¿Qué estás haciendo para que esto se cumpla?

Cuando Dios habla se requiere de dos ingredientes para el cumplimiento de una profecía: fe y acción, de lo contrario no llegarás a ningún lado.

Por ejemplo, cuando te profetizaron: «¡Te vas a casar!», si tú no lo crees y sales del encierro ¡jamás conocerás a alguien!

Si te profetizaron: «¡Veo prosperidad sobre tu vida!», pero continúas viviendo en escasez. Te aseguro que, si esa palabra proviene de Dios, Él te inyectará ideas, fuerzas y te dirá: «¡Si te lanzas, estoy contigo! ¡Si tú emprendes, estoy contigo!». Pero si pretendes que Dios se levante del Trono para hacer lo que tú tienes que hacer, o crees que alguien vendrá con un maletín lleno de dólares para que esa profecía se cumpla, dudo que suceda. ¡El Dios que hace los árboles, no regala las mesas! ¡El árbol es de Él, pero la mesa la fabricarás tú!

Si declararon proféticamente sobre tu vida: «¡Viene tu mejor momento!», pero hace veinte años que lo esperas. Cuando Dios te dijo que deberías prepárate en todas las áreas de tu vida para ese mejor momento. Cuando dijeron en la parábola de las vírgenes, ahí viene el esposo, todas estaban listas esperando. Cuando Dios te dice «viene tu mejor momento», alístate en fe, emoción y en las áreas que tú crees importantes para que no veas pasar de largo «ese mejor momento».

¡EL DIOS QUE HACE LOS ÁRBOLES, NO REGALA LAS MESAS! ¡EL ÁRBOL ES DE ÉL, PERO LA MESA LA FABRICARÁS TÚ!

Si te han dicho proféticamente: «¡Serás madre!», pero sigues sin tener hijos. Tu primera preocupación debería ser estar casada o programar ese evento si estás viviendo en pareja sin la formalidad de la ley. Luego debes ir al médico y hacer un control médico de tu parte y otro control de parte de tu esposo. Si todo está en orden, solo debes esperar y trabajar en eso. Si hubiera algún problema, por algo Dios te dijo que serías madre, debes orar creyendo por un milagro o buscar un médico para que esta profecía se cumpla.

Quizás te han profetizado: «¡Te veo predicando en las naciones!», pero el tiempo pasó y nunca siquiera has salido de tu barrio. No debes olvidar que antes de ir a las naciones se necesita un pasaporte, para algunos países una visa, aprender un idioma, preparase y capacitarse. ¿Lo has hecho?

Tal vez declararon proféticamente: «¡Te veo participando activamente en política!», te lanzaste y perdiste en todas las elecciones. Mi primera pregunta es: ¿Era ese el momento de lanzarte? ¿Estabas rodeado de las personas indicadas para acompañarte en ese paso tan importante? ¿Tenías conocimiento suficiente en el área de la política? ¿Contabas con la economía necesaria para respaldar la campaña? Si tu respuesta es: ¡No!, comprendo porque has perdido. Cuando Dios habla es para empujarte a creer y a prepararte. Es Dios compartiendo un milagro contigo. Mitad lo haces tú y mitad lo hace Él.

Y, por último, tal vez un profeta te ha dicho: «El Señor te llama al pastorado». Paso seguido, abriste una iglesia y al poco tiempo tuviste que cerrarla porque nadie fue. Seguramente te tomaste de la palabra profética y te olvidaste de algunos detalles importantes como, por ejemplo, estar bajo mentoría o bajo la cobertura espiritual de alguien. No preparaste un informe socio ambiental verificando cuántas personas forman parte del lugar donde deseas abrir la iglesia. Saber si el lugar es de fácil acceso. Si hay otras iglesias alrededor, si conoces bien la Biblia, y si tienes un buen equipo que te acompañe en la tarea, me refiero a músicos, ujieres y a personas que reciben a los asistentes a la nueva iglesia. Si no contabas con eso, deberías haber preparado un buen equipo antes de iniciar el ministerio. El ejemplo más claro es Jesús, quien convocó a los doce discípulos para luego iniciar Su misión.

CUANDO DIOS HABLA ES PARA EMPUJARTE A CREER Y A PREPARARTE.

Si Dios te habló hace años y aún no se ha cumplido esa palabra, pídele perdón por haber sido negligente, y ponte a trabajar ahora mismo por la palabra que Dios te entregó. *«Porque de cierto os digo que hasta que pasen el cielo y la tierra, ni una jota ni una tilde pasará de la ley, hasta que todo se haya cumplido»* (Mateo 5:18). ¡Si Él lo dijo, Él lo hará!

Palabra declarada para tu vida

«Ahora que conoces sobre el don profético y el oficio profético, y la palabra profética, quiero declarar sobre tu vida que el Señor te usará como un profeta a las naciones, a tu barrio, a tu ciudad, dentro de tu propia casa. Serás utilizado por Dios para hablar de las verdades del cielo.

Hoy declaro sobre ti que esta palabra que el Señor pondrá en tus labios tendrá su cumplimiento. Te activo y te bendigo a través de la autoridad recibida por Cristo, y declaro en el nombre de Jesús que esta palabra profética será como una flecha lanzada a través de tus labios y dará en el blanco, como así el Señor lo ha determinado.

En el nombre de Jesús. Amén.»

CONCLUSIÓN

Durante años, el ministerio profético ha sido muy atacado y perseguido. Quizás eres de aquellos a quienes han intentado asesinar y enterrar su don profético. Tal vez hasta te han llegado a decir que nunca más volverás hablar de parte de Dios. Es que seguramente te has cruzado con un asesino de profetas. Están en todos lados, iglesias, casas, familias, palacios gubernamentales y en las calles. Incluso pueden disfrazarse de buenos amigos con la única intención de destruir tu don. ¡Te quieren ver bien pero nunca mejor que ellos! A estos los diagnostico con el Síndrome de Caín. Ya que Caín mató Abel porque este último ofreció a Dios algo mejor que él. El *Síndrome de Caín* está en aquellos que prefieren verte muerto antes que ofreciendo a Dios algo mejor que ellos. El profeta Elías enfrentó esa fuerte oposición de una mujer llamada Jezabel, el espíritu jezabélico no soporta la voz profética, se siente amenazado, denunciado y descubierto.

En la actualidad, así como en aquellos tiempos, la gente sigue eligiendo a hombres y no a Dios. Permiten que el pueblo padezca y perezca entrando en corrupción de valores éticos y morales. Sin embargo, hay una gran necesidad de profetas que se levanten como portavoces de Dios para denunciar lo que está mal, guiando al pueblo al arrepentimiento, para que se vuelvan a Dios.

Siempre escuché a aquellos que preguntan: ¿Dónde está el Dios de Elías? Sin embargo, prefiero cambiar esa pregunta por la siguiente: ¿Dónde están los Elías de Dios? ¿Dónde están los profetas de esta generación que se levantan con voz de autoridad para poner a Dios en el lugar que le corresponde? Porque «sin profecía el pueblo se corrompe».

La respuesta a ¿por qué hay tanta corrupción actual y falta de valores y principios que hacen que la gente sufra y literalmente muera? Es que muchos profetas están callados. Otros se han vendido, pero creo que Dios está levantando una nueva generación profética que no tendrá miedo a lo que dirán, ni a las amenazas, porque su único objetivo será agradar y obedecer la voz del que lo envió. Te inspiro y te ánimo a que seas un profeta para esta nueva generación.

¡Dios te bendiga!

CONTÁCTANOS

apronnyoliveira

Ronny Oliveira

Profeta Ronny Oliveira

Ronnyoliveira8@hotmail.com

RONNY OLIVEIRA